Milly 的春日旅路提案

櫻花、食堂，

以及如此偏愛日本的總總理由

11

Milly 著

「今、日本に旅行しています。」（現在，日本旅行中。）

到底是從哪一年開始，「日本旅行中」這樣的生活節奏持續著？或許已經二十多年。

有時不免萌生隱退想法，只是要跟持續多年的日本旅行揮別依然有些猶豫。

在東京住過兩年後不再渴望「日本に住んでいる」（住在日本），短短住遊可以憧憬，更好的

或許還是輕快地定位在「そうだ、日本へ行こう！」～就去日本旅行吧！

目次

CHAPTER 1

這年京都櫻花，依然美麗

SAKURA, CHERRY BLOSSOM, KYOTO

今年も京都がさくら一色になる春がやってきます。
今年京都櫻花一色的春天依然來到。

櫻花是Milly成為日本情緒旅遊文字人的原點也不為過。

在Milly第一本關於日本的旅遊書《東京生活遊戲中》，提到了自己對東京櫻花的種種情結，說當初選擇以住人的身分滯留東京兩年，很大的原因正是「能擁有日常櫻花滿開的幸福」。

櫻花。

於是當猶豫自己旅行的下一步該往哪一個方位走的時候，得到的答案是：「回到最原點的櫻花後，再繼續往前。」

只是就想，不該只是櫻花吧！或許該跟難度較高的憧憬櫻花正面對決。以這決意定下目標的櫻花主題是「京都櫻花」、「一本櫻」、「千年櫻」，還有那一時那一刻偶然在旅途中邂逅的「情緒櫻花」。

大原則是即使是「追櫻」，卻也不想把自己弄得慌亂狼狽，可以積極但是不願失去悠然，讓追櫻是美好旅途的延伸就好。

於是將旅行時間拉得很長，三月底至四月中旬一個階段，五月初至五月下旬一個階段，為了能更從容地應付無法掌控的櫻花滿開路徑。

三月廿八日飛機於下午到達關西機場，黃昏前搭乘巴士在三条大橋旁下車（三条京阪站），暮色朦朧中走下鴨川旁散步道，看見了迷濛光線下幾株滿開前夕的櫻花。

不是很氣勢也不很華麗，可是這樣以四条大橋、三条大橋、鴨川河岸老屋建築餐廳為背景的櫻花風景，卻依然讓人腳步不由得和緩起來。

櫻花是美的，但最美的還是那時間＋那空間下的櫻花。

櫻花是美的，更何況是在京都，更何況是在這樣暮色下的鴨川岸。

沿著鴨川小小散步後穿過三条大橋走去高瀨川岸。高瀨川說是川流卻更像溝渠，論氣勢、說風景是不足的，論氣氛、說風情則絕對不輸給鴨川畔。

喜歡站上一座座橫跨川面的小橋，在淺淺川流微微水聲中，自在轉身地看著眼前、身後低垂到川面上的櫻花。更喜歡的是那絕色孤高的櫻花，輝映著老屋後巷殘舊雜沓的昔日風情。每回都不是刻意前來，記憶或許零碎，可是當時當下都是美好的。

・花見（はなみ）

花、特に桜の花を眺めて楽しむこと。

賞花，特別是愉悅地眺望著櫻花。

日本人是從什麼時候開始跟櫻花畫上等號的？據說可以回溯到一千五百多年前。

日本櫻花的原生種大多是從印度的喜馬拉雅山區飄散過來。以往櫻花多是種植在田邊，一說是櫻花樹上棲息著穀物之神，さくら的さ在古語中意味著「穀靈」，くら則是供奉神明的場所。另一說是櫻花在春天開花，剛好給農人作為播種的參考。

七世紀末述說各種植物的日本古老和歌集《萬葉集》一書內已經出現了櫻花，到了平安時代，櫻花逐漸深入民間生活，歌頌櫻花美麗的詩歌也多了起來。至於將觀賞櫻花當作風雅活動，則是開始於豊臣秀吉時代。江戶時代隨著河川整治，在美化環境的前提下很多川岸都種植了櫻花，明治以後種植櫻花的風氣更是盛行。

不過話說回來，為什麼日本人如此迷戀櫻花呢？

幾次詢問日本友人，為什麼每年櫻花盛開都可以如此地期待和雀躍，不是每年都一樣開花嗎？對於Milly的提問，日本友人都先一愣：「對喔～為什麼呢？」然後笑笑地說，真是沒認真想過，只是每當春天來到，就會不自覺關心起櫻花開花的訊息。

或許是因為櫻花已經跟日本人的生活密合著，期待每年櫻花的盛開或許也是一種「確認」，確認一切都沒變，一如往常。

或許也是因為如此，當三一一東日本大震災後，看見災區櫻花依然燦爛滿開時當地居民才會如此觸動，甚至有人發起了名為「桜ライン３１１」（櫻花線３１１）的活動，要在災區海嘯所到的地方種植櫻花，希望每年藉著櫻花的花開花謝，提醒那日海嘯的威力，期望同樣的悲劇不要再發生。

很難真切體會日本人的櫻花情結，較真正牽掛的反而是每一年櫻花開花的時間點。何時才是真正的滿開日總是讓人捉摸不定，因此對旅人來說，賞櫻不是為了確認那永恆不變的規律，而是自己跟櫻花的一期一會。

二〇一三年櫻花繼續耍弄了海外來到日本賞櫻的旅人，京都、東京的櫻花提前滿開，讓大家措手不及，甚至有的地方還出現梅花和櫻花同時盛開的異象。

為確保可以看見滿開櫻花，旅人出國前總會隔海關注「櫻花開花」網站，心情隨著延期或是預期外的超前開花情報而起伏不定，Milly 戲稱這是「櫻花滿開焦慮症候群」。

花冷え（はなびえ）

桜の咲く頃に寒さがもどって冷え込むこと。

這是 Milly 很喜歡的一個名詞，花冷。

櫻花開始開花後，卻遭遇一波寒冷，讓即將的滿開停頓下來。在賞櫻的旅途上，有時會期待這突然而來的花冷能讓滿開能延後些，以便行程能趕上。

有時又會懊惱著那遲遲不離開的花冷，尤其是在旅途即將結束時，看見那五分開不充分美麗的櫻花，更是懊惱中的懊惱。

醍醐寺垂櫻

1 京都晨曦櫻花散步

SAKURA, CHERRY BLOSSOM, KYOTO

櫻花是美的，京都是美的，京都的櫻花又怎能不媚惑人心。

依然擔心櫻花旺季人潮壞了興致，但跟自己說觀花的人心靜就是靜，櫻花只要恣意美麗就好。

二〇一三年三月廿九日京都大部分的櫻花都開始滿開，據說是一九五三年有紀錄以來第三早宣布開花的一年，於是不去多想這一天，就是看櫻花追櫻花。

不過可以的話還是希望能避開人潮，於是選擇一大早先前往不用買票進去的櫻花空間。

京都櫻花名所

平安神宮、岡崎疏水、南禪寺、哲學之道、醍醐寺、祇園白川、圓山公園、高台寺、建仁寺、清水寺、知恩院、平野神社、上賀茂神社、賀茂川（半木の道）、京都御苑、二条城、高瀬、妙顯寺、京都府廳、大覺寺、嵐山、仁和寺、東寺、龍安寺、天龍寺、大石神社等等。

CHAPTER 1 ｜ 祇園白川畔

一大早，真的是天剛亮的一大早，櫻花路徑的第一站是祇園白川畔。

從老鋪鍵善良屋旁的巷弄穿入，走向巽橋周邊櫻花已經滿開的祇園白川。一早就引來幾位帶著專業相機的男子，專注地在依然透著些涼意的清晨，拍著以川畔古都風情料亭、茶屋、旅館為背景的櫻花好景。

祇園白川巽橋、辰巳大明神周邊的垂柳、紅燈籠、石板路、京町家格子屋建築，早被列入「町並み保存地区」，是最有京都風情的角落，自然這裡的櫻花風景也可以說最有京都風情。

櫻花以「染井吉野」為主，點綴些許姿態優雅的垂櫻。這裡櫻花姿態真的格外優雅，讓人忍不住一直按著相機快門，怎麼拍都不能滿足似的。

CHAPTER 1 | 前田珈琲早餐

一般來說，接下來建議的賞櫻路徑，是從知恩院一路走向清水寺、円山公園（圓山公園）。

Milly則是先來到高台寺下方的前田珈琲吃個早餐，之後再繼續這日的櫻花巡禮。

以高台寺開放時間九點為參考，離開祇園白川才七點多，時間依然充裕。

在八坂塔下方接近東大路通的前田珈琲高台寺店，喝杯質感咖啡吃份豐盛美味早餐，再繼續前往高台寺、清水寺是一直以來喜歡的路徑安排。前田珈琲高台寺店一早七點開店又全年無休，如果是習慣早起的人更是絕對建議放入口袋名單中。

前田珈琲創業於一九七一年，除了位在烏丸附近的本店外，分店分別是位在廢棄學校內的明倫店以及高台寺下的高台寺店。

三間店Milly都曾經體驗過，最有京都老鋪風情的是「室町本店」，建築原來是和服店。明倫店位在明倫小學再生的建築「京都芸術センター」內，外觀是西班牙風味的歐風建築形式，咖啡屋是利用一樓教室空間規劃，外面的走廊還留有學校的殘影。

高台寺店又是完全不同風情，為了融入周邊氛圍，建築走的是町家風，咖啡屋內空間則有社區咖啡屋的親近感。

若要分類，以為本店適合中年男子，明倫店適合輕熟女，高台寺店則適合夫婦、情侶和一個人的旅人。高台寺店真是很社區風味，已經是第三次利用這咖啡屋吃早餐，每回都看見附近老太太像在自家客廳一樣跟著店員閒話家常，翻閱著店內的報紙說說八卦，還很道地的點了黑咖啡當早餐呢。

CHAPTER 1 | 円山公園（圓山公園）

在前田咖啡早餐後就往高台寺的方向前去，先是左轉進入「ねねの道」（原名是高台寺道）石板路，原本該從這裡爬上一旁那兩側是竹林、排水道上散落著茶花的石階坡道上到高台寺賞櫻。只是距離九點還有一段時間，就先從街燈下一旁寫著「石塀小路」的巷道繞路前去「円山公園」。

一直都很喜歡這不同光線下不同風情的石塀小路，經常是灑上水的狹長石疊路兩側，有著古雅料理屋和旅館，漫步其中最能感受「The 京都」風貌。

據知這條石板路的石頭，還是將停駛的京都市區電車鋪設的石頭再利用。從石塀小路穿出後先是來到下河原通，在此以料亭旅館「祇園畑中」為目標，右轉經由「長樂館」往円山公園前進。

円山公園是京都有名的花見宴會場所，就是可以容許小攤販和花見客在境內舖設蓆子飲酒作樂的公共空間。

可以看見公園允許設宴的範圍內，一些人依然橫躺在占地盤的搶眼藍色塑膠布上，以便黃昏入夜後可以呼朋喚友暢快一番。

一早視野中出現這樣不是很清爽的畫面，還是有些訝異，原本以為京都會更堅持不讓花見客破壞櫻花景觀才是。能理解日本人有多麼熱愛在櫻花下喝酒狂歡，但是私心還是希望至少在京都可以避免。實際上資料顯示，京都市政府是有禁止花見客鋪上那危害景觀的藍色大膠布的。

除去礙眼的藍色大膠布，円山公園櫻花本身是無可挑剔的美麗又壯觀，於是就只能以「視而不見」的態度，刻意忽略人工破壞的畫面，只將美麗的櫻花放入鏡頭中。

山公園腹地內種植有六百八十株以上的櫻花，最引人留步的是位在公園正中央的「円山の枝垂桜」（正式名稱是一重白彼岸枝垂桜），到了夜晚，這株大櫻在燈光的照射下更顯出王者的風範，是京都夜晚賞櫻的首選。

這日清晨天空不是太清澈，但一個人可以

這樣站在大櫻前，仰望那美麗姿態依然是大大滿足。

回遊式庭園的円山公園公園內，不輸給這株傲然大櫻的垂櫻還不少，這些大櫻只被低矮的竹籬環繞著，低垂的櫻花枝幹可以很貼近地觀賞。

Milly偏愛幽靜的櫻花風景，能避開花見喧鬧就會盡可能避開，可是如果希望融入熱鬧的傳統櫻花party中，晚上三五好友一起前來在夜櫻下開懷暢飲也未必不是一種樂趣。

離開円山公園時時間接近九點，不多停留，畢竟希望能第一個進入「高台寺」，即使只是短暫地擁有寺內寧靜中的櫻花姿態也好。

或許是二〇一三年的京都櫻花比大家預期還要早開，很多海外賞櫻團都還沒有就位，也或許只是因為是平日一大早，果然Milly真的如願在入口「庫裡」前等了十分鐘後以輕快的腳步踏入了高台寺，以第二個人的順序。

不是第一個的原因是，在Milly之前有個男子一開門就迅速竄入，以猛烈的速度拍下無人的庭園路徑、茶寮、臥龍廊，看來無人介入的純風景對拍照人來說總是奢侈的渴望。

Milly雖然同樣渴望那絕對的空間寧靜，倒也不想太狂亂，盡可能保持和緩，先是來到方丈前庭，全心全意讚歎那與波心庭白沙相輝映的孤芳自賞粉色枝垂櫻。

只是一株枝垂櫻才更加絕美耀眼，只是一株枝垂櫻才更讓那以堂門、方丈古色建築襯托的風景更添意境。

不是壯麗宏偉的一株垂櫻，跟円山公園的枝垂櫻相比更是相形見絀。

可是卻是如此地姿態風雅，眼前的構圖簡直就如同一幅古典畫作。當Milly從方丈建築回首一看被這株美得毫無塵俗沾染的垂櫻震撼到的感動，真是再多的形容詞都無法描述。

讓人醺然陶醉的畫面還有，當充分滿足於靜坐在方丈平台望去方丈前庭垂櫻後離開，在一個留戀回首轉身一探時，看見屏風古畫中的垂櫻正巧跟現實中的垂櫻連成一幕的情緒好風景。

情緒（じょうちょ）

事に触れて起こるさまざまの微妙な感情。
被一些事物觸動的微妙感情。
その感情を起こさせる特殊な雰囲気。
會讓這樣感覺發生的特殊氛圍。

情緒化 v.s. 好心情，以中文來看，情緒或許較偏向負面一些的情感波動。
可是在日文中，「情緒」除了用來說明情感、心情的波動外，有時也可以用來表現一些讓心靈愉悅、觸動，有形無形的事物。
「情緒のある風景」（有風情的風景），「情緒あふれる」（洋溢纖細感性的）。
Milly 的粉絲團臉書以「Milly 的情緒私旅」為名，就是喜歡這「情緒」和「旅行」連結後，所幻化出來可以意會卻未必能精準分享，一種在旅行中偶然錯身、驀然體會的小確幸。

同樣的，當後來穿過高台寺的大型停車場，走下高台順線沿著「二年坂」、「產寧坂」（三年坂）走去清水寺時，也是被那位於產寧坂緊接著清水坂坡道邊上，豆腐料理「明保野亭」的那株垂櫻給吸引。

實在是好美的櫻花，美在所在的位置。這株垂櫻矗立在頗具歷史價值的明保野亭建築前，從坡道下方看去從坡道上方看去，都有著唯美的姿態。

據說這株櫻花是「早咲きの糸桜」，也就是相對來說是清水寺一帶最早開的一株櫻花。

下回在櫻花季節來到清水寺，別忘了在離開或是爬著坡道進入清水坂前時，抬頭望望這株稱為「京都・明保野亭のしだれ桜」的櫻花美姿，讓歐美人都會忍不住說出：That's amazing and beautiful 的櫻花。當然如果可以的話，建議愈早前來愈好，如此才能抓住好角度，讓美麗的坡道和垂櫻共存於一個淡雅的畫面中。

留戀著三年坂的那株「明保野亭のしだれ桜」後，原本還想繼續清水寺賞櫻路徑，可是才踏上清水坂就被一波波湧入的人潮給逼得卻步。

當場決定快快撤退，不是不喜歡清水寺，只是真的不擅長面對喧鬧的清水寺。

在回程的路上，Milly好想捉住一旁只是一味往前走向觀光熱點、名產店的遊客，大聲的說：「不要錯過那株美麗的櫻花，不要只顧著將自己放入和清水寺的合影中。」

私自想著首次來京都的旅客如果可以看見真正美麗的櫻花該有多好？可是另一方面，卻又希望其他旅客忽略、漠視那些在寧靜角落綻放的櫻花，希望他們不懂得一大早跟更美麗的櫻花對話，希望能獨享這些清晨中姿態美麗的櫻花，真是矛盾呢。

順著清水坂下坡道回到東大路通，先是繞去建仁寺方向，期待在人潮容易忽略的角落邂逅一些寂靜中美麗綻放的櫻花。

果然遇見了那些從花見小路牆緣冒出、位在三門東南位置上「浴室」前的那株粉嫩美櫻。

櫻花路徑可以在計畫中，有時更可以放任偶然，去巧遇一些不是在順線上的，名所規格外的櫻花。

「浴室」前的櫻花

CHAPTER 1 | 咖啡屋「ひとこえ多奈加」

之後通過祇園甲部歌舞練場前，來到四条通，搭乘巴士前往三条河原町市區，再次走到高瀨川畔看看昨晚暮色及夜色中的川畔櫻花並木在白天的清新模樣。

同時選了間偶然路過的川畔小小咖啡屋「ひとこえ多奈加」，坐在那跟高瀨川零距離的露天座位上，喝著老先生店長準備的抹茶和點心。

不是和摩登或是情緒咖啡屋，卻是很乾淨又溫暖的空間，有點像是來到友人家的客廳面對高瀨川喝杯茶的感覺。

微風帶著潺潺的水流聲吹來，櫻花就在眼前，腳下有主人細心栽種的鮮豔花朵，淺淺水流上有野鴨恰巧悠閒滑過。此時此景讓人以為能身處在京都櫻花季節中，真好！

小小的停歇點後，走去河原町通和松原通交叉口附近的「西富家コロッケ店」買了現點現炸的馬鈴薯餅當賞花點心，在店前不遠的巴士站牌搭上巴士前往醍醐寺。

高瀨川櫻花

醍醐寺

搭乘地鐵是在「醍醐」站下車，再搭乘接駁巴士「DAIGO Community Bus」前往醍醐寺，或是從地鐵站花個十五分鐘左右走去，Milly則是利用京阪バス86B系統在「醍醐三宝院」下車的路線。

有一說如果時間不夠，在京都只能去一個地方賞櫻，那唯一的選擇就是醍醐寺，可見醍醐寺賞櫻多麼宜人。不過需要留意的是，醍醐寺內的櫻花種類很多，每個品種的開花時間也會不同，像是大垂櫻就會最先盛開。

醍醐寺一共分為三大部分，每部分都要買票。「三宝院」「伽藍」「霊宝館」三個區域的通票是一千五百日圓，兩個區域的通票是一千日圓，單獨的一個區域則是六百日圓。

當決定要好好的在京都追一次櫻花後，就一味執著醍醐寺的櫻花滿開。

理由是光從推薦的京都櫻花名所照片來看，以為醍醐寺垂櫻最美麗。再者就是帶起花見風潮的豊臣秀吉正是在醍醐寺進行「醍醐の花見」，現在每年四月第二個週日也會仿照當時的模樣，進行一年一度的「豊太閤花見行列」盛會。

本來花見只是貴族的風雅餘興，慢慢才傳入民間，更有一說是日本人從豊臣秀吉之後才開始喜歡櫻花，秀吉的家臣也在各地種下很多美麗的櫻花。

現在醍醐寺境內一共種了上千株櫻花，種類有垂櫻、染井吉野櫻、八重櫻、山櫻、河津櫻等，早開的晚開的都有，也讓醍醐寺櫻花季特別長。

醍醐寺腹地很大（有二百萬坪），分為上醍醐和下醍醐兩大區塊，在總門兩側已經可以看見美麗的垂櫻，進去後正面看去的是一直伸展到「仁王門」兩側開滿櫻花的「桜の馬場」，總門左邊是「三宝院」，右邊是「霊宝館」，觀光客主要瀏覽的區域都在下醍醐。

醍醐寺列入世界遺產，創建於貞觀十六年（八七四年），有千年以上歷史，院內有各式院館堂建築，其中一座五重塔更是日本最古老的一座。

三宝院

霊宝館

下午遊客自然已經湧入，熱鬧是難免，好在醍醐寺的垂櫻美在氣勢，站在華麗的櫻花樹下，很容易就會被忽略人＋人＋人的人潮，眼內只有櫻花。

Milly 以為若是淡粉紅色的染井吉野，要美麗耀眼必須「數大」，那整個河堤、整座山丘都是一面粉紅就是最美。

枝垂櫻則必須「樹大」，那以大樹枝幹和垂枝構成的姿態要美而出眾。醍醐寺內美麗的垂櫻處處可見，光是欣賞以上醍醐為背景的大垂櫻已經賞心悅目。

只是醍醐寺最耀眼奪目的櫻花還是宣稱最受豐臣秀吉偏愛的位在三宝院大玄關前、霊宝館前的大垂櫻，霊宝館的垂櫻更是樹齡一百八十年以上，枝幹伸展將近有廿五公尺。

醍醐寺的櫻花真是好美，幾乎用盡了可以堆疊的形容詞，都還不夠讚歎。

更何況前去時絢麗燦爛滿開的垂櫻都已經進入飄散，一陣風來就吹了一面櫻花雨，那景致更是讓人迷戀不已。

或許就是醍醐寺的櫻花過於絕美，這天在拜訪後就已經沒有再多讚美可以使用（笑），也是因為怕午後無論哪個櫻花名所都會人滿為患，於是決定暫且打住京都櫻花拜訪，改為驅車前往奈良散步去。

接下來幾天的旅途更是轉往岡山周邊的倉敷、廣島，三月卅一日進入了九州，四月三日移到山陰地方，再回到京都時已經是四月五日。

睽違了一星期的京都櫻花很多都已經飄落，很多更是悄悄的進入了葉櫻階段，提前長出新綠，但依然可以掌握到一些持續盛開的櫻花訊息。

CHAPTER 1

櫻花最美在凋零

SAKURA, CHERRY BLOSSOM, KYOTO

有次在捷運列車上，偶然聽見這樣的對話。

「唉約～本來想跟著去旅行！可是到國外旅行嘛，不過就是看看不同的風景、吃吃不同的食物、打開電視聽聽不同的語言，然後拍了一些照片回來罷了。就不想去嘍，在家就好。」

關於旅行，這樣說或許也沒錯的，除去了那些照片、買回來的紀念品，剩下的可能不過就是一些回憶。雖說人類原本就是會遷移的動物，但畢竟旅行不是一定必要的存在，但正因為可以擁有記憶，旅行才因此成立。

旅行因「記憶」而存在！

旅行絕不只是一個紀錄，更應該是一個記憶。

能擁有多少不能計量的記憶，端看個人收藏、反芻，進而幻化成生命中不可忽略的感性。

CHAPTER 1 | 京都智積院

四月五日晚從島根縣的玉造溫泉離開，路經廣島重遊宮島，黑夜中回到京都住宿在九条舒適的設計公寓風旅館「ホテル アンテルーム京都」。

晚上從網路搜尋得知，即使大部分京都市區內櫻花名所的櫻花都已開始飄落，但「上賀茂神社」和「平安神宮」的櫻花卻正盛開，於是把握時機，在六日轉往東京前先拜訪幾株千年古都唯美櫻花。

一大早沒敢浪費大好晨光，寄放好行李就搭車前往京都車站，搭上往上賀茂神社的路線巴士。

可是巴士才過了三十三間堂，在駛入東大路通時就被窗外一抹粉色風景給吸引，忍不住就任性地下了車。在行人還稀稀落落的七點前誘惑Milly途中下車的是「京都智積院」。

不是什麼櫻花名所，很多時候應該是會被忽略的櫻花角落。

可是在涼爽的清晨空氣裡、在悠然流洩的誦經聲中，以典雅寺院建築為背景的不同姿

態櫻花，卻有著讓人心境平穩的療癒力量。

不是知名的櫻花，未必不是美櫻。

就像如果自家的庭院有一株高聳穿過牆垣、屬於自己的櫻花，那一定比任何地方名所的櫻花更美，在自己的眼中那是唯一的櫻花。

沒有舞台吸引讚歎的櫻花，依然是美麗的櫻花。

那位在金堂參道入口木鳥居旁耀眼的粉色垂櫻，在有些灰濛的天空下一樣絢麗奪目。

即使位在三十三間堂、清水寺等觀光名所的路徑上，智積院依然容易被觀光客冷落，直到大明星福山雅治以智積院內長谷川一門那金碧輝煌的「松に秋草図」屏風為背景拍了啤酒廣告，才引起更多注目，留意到這裡居然擁有如此令人震撼的國寶級收藏。

日後在京都只要路經這條頻繁通過的東大路旁，一定會再次想起那一天早上偶然邂逅的智積院美麗櫻花。

気まま（きまま）

遠慮や気がねをせずに、自分の思うままに行動すること。

沒有顧忌，隨著自己的心意行動。

気ままな旅

隨心所欲的旅行；不受預定行程、時間限制的旅行。

一個人的旅途難免小寂寞，卻能在隨性、隨意的步調中，自己取捨自己堅持。

CHAPTER 1 ｜高野川岸堤步道

繼續搭上巴士往上賀茂神社前去，怎知在跨越高野川的大橋時，又被車窗外那一整面延伸的川岸櫻花給引誘下了車。

這一下車就是近乎一個半小時的滯留，沿著高野川岸堤防步道向一乘寺方位走著走著，只是一直走著，眼前依然盡是春爛漫的櫻花。

毫無目的只是跟著櫻花走著，中途在川邊可以從店內窗戶看見櫻花的咖啡屋「狩人」吃了早餐，之後改往北山反方向繼續一路櫻花散步，如果不是真的有些走累了，還真想就這樣在一路飄散的櫻花雨中一路走去上賀茂神社。

咖啡屋「狩人」早餐

都說櫻花最美除了滿開就是飄落，飄零中的櫻花除了美麗外還多了些淒美。

在櫻花的花吹雪下，心彷彿一吋一吋地開始融解般，整個人都幸福得飄飄然起來。寧靜的上午空氣還有些透涼，迎面是隨著清風忽然而來的櫻花雨，抬頭看去是依然盛開的櫻花，草地和川岸則是落櫻繽紛。

這一切美好竟惹人貪婪起來（笑），似乎怎麼以相機去拍下、怎麼去記憶都不能滿足似的，只是貪戀著想要擁抱入身體更多，可能是**眼前的美好已經超出了身體可以容納的，才會讓人這樣幸福又不安起來。**

CHAPTER 1 | 上賀茂神社

沿著川岸堤防步道走去下鴨神社，沿途自然還是櫻花相伴一路愉悅。較為意外的是下鴨神社居然沒有櫻花讓人驚艷，倒是在轉進神社腹地前，在周邊住宅區的溝渠邊上遇見了幾株鮮麗盛開的櫻花。

搭上巴士，這回真的是要專心前往上賀茂神社。上賀茂神社是京都櫻花名所，注目的第一男主角是白色大垂櫻「御所櫻」，女主角則是紅色大垂櫻「齋王櫻」。

兩株非凡的大垂櫻同樣在參道旁草地上，可惜卻不能互相輝映。通常都是御所櫻滿開進入葉櫻時，一旁的齋王櫻才開始進入滿開，算是互相禮讓各自精采的關係吧。

樹齡超過一百五十年的齋王櫻高十公尺，枝幹更有三公尺寬，站在這粉色格外豔麗的絕色垂櫻（紅八重垂櫻）前，可以完全感受到氣勢。

壯麗滿開中的齋王櫻從不同的位置不同的距離看去都有著不同風情，據說最推薦的角度是從上賀茂神社門口的大紅色「一ノ鳥居」看去的風景。

在齋王櫻、二ノ鳥居旁還有較為古典氣質的「風流櫻」，貼近細殿、授与所側則是「みあれ櫻」。風流櫻是以葵祭行列出現的風流傘格式來種植，意義大過外觀。

齋王櫻

CHAPTER 1 | 哲學之道

上賀茂神社之後下一個賞櫻行程原是平安神宮，不過中途還是在銀閣寺途上下車了一下。畢竟多年來去京都總會幻想有一天或許可以漫步在哲學之道那琵琶湖疏水兩側的櫻花並木中。

明明知道哲學之道的櫻花已經飄落大半，更何況午後下了場雨，預期即使前去也只能看見雨中有些狼狽的模樣，但還是想去探望一下，至少要留下一些關於哲學之道的櫻花記憶。

不過好在是來了，因為雖說確實沒能跟燦爛櫻花相遇，卻看見雨色中近乎淒美的落櫻風景。一整條細長的琵琶湖疏水盡是一色粉紅，原來是雨水不留情地將櫻花瓣打落水道中。

哲學之道是京都最人氣的觀光景點之一，操著各國語言的觀光客擠滿狹長的步道，的確減弱了這場落櫻的詩意演出，眼前的畫面難免混亂，就將那寧靜放入照片中留存。

{CHAPTER 1 | 平安神宮}

京都櫻花拜訪的壓軸？留給了平安神宮。說是壓軸也有些誇張，畢竟不過在櫻花季節走了兩日櫻花路徑。

其他就等下回跟京都櫻花的緣分，真的，愈是回看愈是以為賞櫻真是端看緣分。

來到平安神宮時雨依然沒停歇，在穿過平安神宮的大紅色鳥居前，先是跟京都會館東側岡崎公園的豔麗垂櫻見了面，是漂亮的一株櫻花，但是周邊的建築和景觀沒有強烈的風格，就總以為少了些什麼。當然也可能是看了一日的櫻花，有些奢侈地挑剔了起來。

櫻花真是要看綻放在什麼時空下，當看見從百虎樓朱紅迴廊綠瓦屋頂露出的八重紅垂枝櫻的印象風景瞬間，就更能認同這說法。

還沒踏入京都人氣櫻花名所平安神宮的「神苑」，已經被那探出頭來的八重紅枝垂櫻逗弄得情緒高揚，當踏入神苑的瞬間更是被撲天蓋地而來的絕美櫻花弄得措手不及。原來在這神苑裡約有三百多株櫻花，其中花

色搶眼的「紅枝垂櫻」就有一百五十株以上。

只是不同於上賀茂神社每株大櫻都有自己的名稱，神苑內上百株的櫻花是共同去完成一個櫻花絕美風景。

早就知道回遊式神苑的垂櫻之美極具魅力，知道美麗櫻花和華麗大極殿的共演惹人憧憬，只是沒想到居然這魅力是如此大規模，真是放眼望去都是姿態美麗的垂櫻，尤其是靠近朱紅神社建築的高聳垂櫻，更是美到讓人有些招架不住。

雨中走在奢華神苑庭院的泥濘步道上有些狼狽，擁擠人潮擦身讓人些許煩躁，不能技巧地以鏡頭收下眼前絕景使人懊惱，這一切的負面情緒都不能影響對眼前櫻花華麗風景的讚歎。

平安神宮是為了紀念平安遷都一千一百年所創建，神苑的櫻花都是在創建當時（一八九五年）種下的。神苑是池泉回遊式庭園，位在大極殿後方由南神苑、西神苑、中神苑、東神苑構成。有說栖鳳池倒映的橋殿和櫻花，是最美的賞櫻方位。

這一天下來不論是滿開的或飄落的櫻花都是如此美麗，感覺似乎已將身體儲存的各種讚歎詞句都用罄了。

桜言葉（讚歎櫻花、來自櫻花的話語）

桜雨（さくらあめ），櫻花綻放時期與花瓣一起落下的雨。

桜流し（さくらながし），櫻花花瓣隨著雨水、河水流洩著。

花の浮き橋（花のうきはし），水面上覆蓋了一層落櫻，如浮橋一般。

桜影（さくらかげ），水邊的櫻花映在水面上。

花衣（はなごろも），女子賞櫻時穿著的美麗和服。

桜吹雪（さくらふぶき），櫻花飄落如雪花一般。

花霞（はながすみ），遠方綿延盛開的櫻花群木，花色泛白如同霧氣一般。

CHAPTER 1 在這裡結束最適切

SAKURA, CHERRY BLOSSOM, KYOTO

二〇一三年的京都絕色櫻花探訪，原本該在平安神宮神苑璀燦垂櫻樹下結束。

可是，在回到鬧區的祇園尋找迷路巷弄中的一間隱密咖啡屋時，邂逅了不知名神社內散落著櫻花的迷離夢幻風景。

對Milly來說這是沒有名字的櫻花、沒有名字的神社，甚至他日再搜尋可能也無法重遇的角落。

但在遇見被觸動的那一瞬間，知道了~這才是二〇一三年京都絕色櫻花探訪最適切的結束。

欲張り／よくばり（greediness）

欲が 深いこと。

對事物強烈執著的意念。

這個日文動詞，用在人的個性上似乎不值得稱許，畢竟就等於「貪欲」。以東方人千年來推崇「內斂謙遜」的文化來看，貪欲總是不好的，但是放在旅行中，卻意外地可以理直氣壯起來。

ラクラク欲張り旅

あれもこれもの欲張り旅！

貪欲＋旅行，一下子罪惡感都像被洗清一樣，光是字面上都輕快起來。

難得的旅行，就別過於壓抑自己，更順從那讓自己可以愉悅的本能，想吃這個還想吃那個、想去這裡又想去這裡、買了這個依然想買那個，只要不是太累以致情緒煩躁，預算、帳單太讓人呼吸困難，偶而就讓旅行來寵愛自己吧。

根本上「旅行」是不存在的，是因為人出發去旅行，旅行才完成。

因此不同的人就有不同的旅行，不那麼喜歡將旅行以「目的論」定位，若要分類也想以「形式」來區隔。

當然如果可以最好是連分類都不要去做，就是樂在旅行就好。

三月至五月，兩次的日本旅行。

既然是春天，自然就想拜訪更多的櫻花風景。櫻花放在主軸，在前去拜訪櫻花的路上，就會試圖放入憧憬的住宿、嚮往的山水絕色、一眼就喜歡上的咖啡屋、怎麼都想吃吃看的人情食堂、讓人莫名感到小確幸充滿的雜貨屋、堅持信念的麵包屋、一定一定要去的書店、現代設計風的名家建築、小說文字形容過的風景、摺頁上提醒自己有一天一定要去體驗消費的雜誌推薦路線、早已神往的新列車搭乘、大阪東京都會的新據點、讓人無法抗拒的情緒居酒屋或是立食酒吧，還有這個季節的所有「季節限定」！

好多喔～是啊！都說了是要貪欲的旅行。

旅行喜悅的燃點，Milly 一向放得很低。

可以體現小確幸的元素很多，企圖憧憬的可以很大也可以很細微。

不是總說要「緩慢」的旅行？

緩慢可以在心境上，而且不是說每天都要將以上的一切排入行程。

可以是櫻花＋書店、書店＋風景、列車＋住宿。

旅行有時也可以是緩緩、快快、快緩、緩快地交錯。

尋找追求的方位，然後將心境放得柔軟，在前往目的地的同時，不忘即使是一株草原雨後可愛的野花也能讓心情美麗，那來自旅行最原點的能量。

可以因為要拜訪櫻花，而順路去了哪裡。也可以如果去了哪裡，剛好可以看櫻花。

這樣不論是青天雨天、冬日夏日，只要有好心情，每天都是旅行日和！

然後，旅行可以貪欲，但是期望能在旅途中滋養自己的感性，懂得～光是在旅途上遇到好天氣，已經是美好旅行一日的從容自在。

CHAPTER 2

出雲大社、伊勢神宮六十年一度的聖年

IZUMO OYASHIRO, ISE JINGU

2 Chapter 極致的期間限定

IZUMO OYASHIRO, ISE JINGU

二〇一三年的春日旅行主軸是櫻花，另一個不能路過不顧的還有「伊勢神宮」和「出雲大社」的遷宮大事。

二〇一三年伊勢神宮正好是二十年一度的遷宮，出雲大社則是遇上六十年一次的平成大遷宮，據說上次這兩大事件同時發生是在一九五三年，簡單推論，下一次讓這兩大日本信仰精神指標同時進行遷宮大事「式年遷宮」就會是六十年後，如此大型的期間限定又怎能不參與一下。（更有一說，出雲大社的遷宮有時是七十年一回，就是說這次的W遷宮也就是雙重遷宮或許是本世紀唯一的一次。）

要實際參與遷宮儀式大典難度太高，該說是不可能的任務！畢竟遷宮不是廟會祭典而是神聖的儀式，很多是在深夜或是在極其隱密的方式下進行。

不能參與至少要拜訪，感染一下氣氛。

畢竟從二〇一二年開始到進入二〇一三年間，日本書店架上充斥著以這兩大遷宮為主題的雜誌和書籍，一再被提醒「最好去看看喔」。

結論於是定調為「不妨去看看」！畢竟前往的旅途上還有個很多可預期、不能預期的樂趣，**畢竟貪欲愈是多，愈是可以隨心所欲！**

聽來似乎矛盾。

想說的是，如果能在每一個日月星辰自己面對自己的旅途中，體現到那些能讓自己愉悅的什麼，逐步的豐富讓自己可以愉悅的因子，如此旅行就可以前後左右、前進後退都邂逅到美好。

遷宮，正式的名稱，伊勢神宮是「式年遷宮」，出雲大社是「平成の大遷宮」。

前往伊勢神宮以名古屋進出最方便，出雲大社則因為位在山陰地方，從東京出發要先搭乘新幹線到達岡山後，再從岡山轉搭特急列車前往出雲市站，從出雲市站繼續搭乘巴士或是一畑電車前往出雲大社。更有趣的路徑，也是第一次 Milly 前往出雲大社的路徑，則是晚上十點在東京搭乘寢台列車「寝台特急サンライズ出雲」，第二天上午九點五十八分到達 JR 出雲大社站就可以前往出雲大社。

拜訪伊勢神宮可以將「鳥羽」「志摩」「賢島」等伊勢灣、太平洋岸的海岸觀光區連結成一條旅行路線。

前往出雲大社則可以將松江、米子、鳥取、境港、島根、安來、玉造溫泉等排成三天兩夜的小旅行。實際上 Milly 在《日本大旅行》一書中，就詳細的記錄下二〇〇八年一月初去了出雲大社、玉造溫泉、鬼太郎境港、鳥取沙洲、松江夕日、安來美術館的三天兩夜山陰小旅行。

CHAPTER 2

伊勢神宮

IZUMO OYASHIRO, ISE JINGU

{2 | 從外宮開始}

原本的計畫是住宿在伊勢神宮的神宮參道周邊，以便一大早進入伊勢神宮，來體驗伊勢神宮在清晨中的靈氣，可是種種盤算最後還是放棄。實際來到伊勢神宮後，這一個失策也導致人潮下那期待中如神境般的空靈大大減弱。

已經是盡可能的企圖一早來到伊勢神宮，天一亮就從刻意預約在名古屋車站附近的商務旅館離開，先是把握時間在車站以小雞布丁大人氣的「CAFE GENTIANE LEGER」咖啡屋，吃了名古屋風味的「紅豆泥土司」（小倉トースト）早餐後，就匆匆搭上經由參宮線來到伊勢市站的快速線列車。

PS：此次是以JR為移動方式，就不再標示近鐵的移動路徑！不過特別要留意的是，即使利用JR PASS前去伊勢市站，還是要多付出四九〇日圓的額外車費，因為途中河原田～津的路段是伊勢鐵道，在車上查票秀出JR PASS時車掌就會要求補票。

從名古屋搭乘快速線來到伊勢市駅約一小時卅七分鐘，到達時已經是十點，那天是豔陽高照的四月天，對所謂「靈氣」的期待在一出車站迎面的熱氣中就徹底放棄了。

從伊勢市駅走到外宮約五分鐘，為了迎接七月廿六日至九月一日間式年遷宮的十七個神事，車站前道路正在整修中。來訪的遊客很多幾乎不用靠著地圖指標，跟著人群就可以順利走入參道前進神宮外宮。

日本人稱伊勢神宮為「お伊勢さん」「大神宮さん」，雖說導覽書、字典等都會以伊勢神宮來介紹，實際上正式的名稱只是「神宮」二字。神宮奉祀著皇室的祖神天照大神，是創建於兩千多年前的內宮和創建於一千五百年前外宮的總稱，也有一說伊勢神宮是伊勢市內一百廿五座神社的總稱，但這樣未免混亂。即使不是最正統的說法，以下依然以伊勢神宮稱之。

雖有人說若時間不夠參拜內宮就好，但是先從外宮再去內宮是古來的習慣，雖然不是日本大國民，能遵守就還是遵守的好。

式年遷宮是持續了一千三百多年的制度，這回是第六十二次遷宮。

在天照大神神殿內宮正宮旁邊有一塊與正宮占地面積同樣大的空地，在這塊預備好的空地上，每隔二十年就要按照原樣重新建造新殿。

同時還要將天照大神用了二十年的衣服、日用品、武具等寶物，也按照原樣重新制作後納入新殿。最後才從舊神殿中將天照大神的神體遷入新殿，這個儀式就叫作式年遷宮。

式年遷宮不但傳承著千年以來的傳統，更有著「技術傳承」的美意。

在式年遷宮時要將殿舍、神寶重新制作，其制作技術傳自一千三百多年前，因此現在依然可以制作出和古代完全一樣的殿舍和神寶。式年遷宮的用材都來自神宮內的森林，森林自建宮以來就嚴禁砍伐，在環境保護上也有很大的意義。

從車站往外宮前去，首先引起注意的是一個掛著「菊一文字本店」的風情老鋪。

原來這是外宮參道現存最古老的建築，是百年歷史的刀刃老鋪。

只是在京都也有一間「菊一文字本店」，宣稱自己是商標登記的唯一老鋪，同類名稱均是仿冒。是是非非不由一個過路遊客論斷，只想純粹以珍惜古老的心情眺望老建築的姿態。

不過老鋪似乎真的曾經面臨轉變危機，現在是以「伊勢菊一」為正式名稱，店內除了「菊一文字金近」刀刃器具販售外，多了配合參拜觀光客的「神話占和」，也賣起了水晶、勾玉、愛奴木雕和伊勢相關的書籍。說是要轉身變為伊勢文化的發訊地，可是對Milly來說，這個老鋪最大的魅力似乎還是那曾經在歲月中歷練、閃爍著黑金光澤的「菊一文字本店」招牌。

另一個古色懷舊建築是氣派三層樓的「山田館」，一九一九年創業，歷史也即將邁入百年，目前由第五代經營。光是看外觀就可

伊勢せきや

以想見古來曾經有多少的參拜客在此住宿，讓人驚訝的是根據館內的老照片對照，旅館創建當時和現在的外觀幾乎毫無改變（法規也禁止神宮附近的建築任意改裝），能這樣維繫是要很大的毅力才行。

山田館的對面是外觀跟山田館差距一個世紀的「cocotte 山下」，這間餐廳的法式鐵鍋家庭料理，原本是Milly計畫用午餐的第一選擇，誰知來到門前一看，當日居然還沒開店就已經掛上客滿的牌子，就是說午餐的桌位早被預約一空。

是第一次來到伊勢神宮，無法比較昔日模樣，但可以察覺到參道兩邊多了不少新建築和新餐廳，想必也是為了迎接二十年一次大盛事的人潮，其中最亮眼的是掛上「せきや」字樣暖簾的「伊勢せきや」。建築嶄新，卻是高級伊勢灣海產加工品專門老鋪的本店，せきや的鮑魚更是神宮的供物、皇朝的貢物，也是日本人年節供奉和送禮的珍品。

本店二樓在店鋪全面翻新的同時增設了餐廳「あそらの茶屋」，提供的是店鋪販售的海產、乾貨做成的料理，早上七點半提供有九百日圓的粥品早餐，午餐有鮑魚土鍋飯，套餐是二千二百日圓起。

午餐時間還早，先是在靠近外宮入口附近的「和菓子の万寿や」前攤位買了伊勢鄉土點心「ぱんじゅう」當點心吃，有點像加了內餡的雞蛋糕半圓版，很好吃。（在日本除了伊勢，北海道的小樽也盛行著這樣的鄉土點心。）

吃著包了抹茶的ぱんじゅう，才離開攤位，一陣濃郁的醬油香氣撲鼻而來，原來是從一旁老鋪「浜与 本店 外宮前店」傳來。

往前一看，未免太～～誘惑人，店前攤位上擺放著剛剛做好還冒著熱氣的「佃煮牡蠣」，店頭招牌寫著創業於江戶中期「宝暦十年」（一七六〇年），這不是表示這誘人香氣已經延續了兩百多年？

如此東逛西看來到外宮入口，通過註明左側通行的火除橋，就是林木蒼鬱的外宮境內。看見日本人不論老少，甚至連有些辣妹模樣的女子，在踏上橋時都會深深的鞠躬致意，由此也可以窺看到伊勢神宮在日本人心中的崇高地位。在參拜的作法上也會註明盡可能穿著端莊得體的衣服，色澤不能過於鮮豔。

越過火除橋（也稱為第一鳥居口御橋）就進入表參道，橋下是防止火災侵入挖出的河渠。

腳步窸窸沙沙作響的走在碎石路上，兩邊看去都是茂盛林木。原來神宮的森林面積高

達五千五百公頃，除以內宮正宮和外宮正宮為中心的各九十公頃的森林外，其餘五三二〇公頃的森林都是式年遷宮的用材專用林。

之後通過「北御門口参道」就可以看見「外宮神楽殿」，順路走過去就是「豊受大神宮」（正宮），境內還有風宮、土宮、別宮等。原本以為二十年遷宮只在內宮進行，其實是外宮也有遷宮的儀式，Milly前去時不過是四月，興建中的新殿以聖潔的布幔和木牆圍著，什麼都窺看不到，只能隱約看見些屋頂的千木。

瀏覽伊勢神宮完整魅力的最佳時機或許是在遷宮完成後，如此就能清楚看見全新的正宮建築。

有說內宮外宮的「社」建築最大的不同在屋頂上的千木，可是可能是慧根不夠，Milly怎麼看都看不出端倪。

走在高聳林木的外宮境內，的確可以感受到質樸中的神聖氣息，沒有太多多餘的顏色，只是沉穩木色、濃綠大樹和石頭的顏色，這樣的風景若真能在清晨薄霧靜謐中置身其間，絕對可以感覺自己彷彿回到了千百年前一樣。

不論外宮或是內宮，正宮建築每二十年都會依照原來的結構重建，也就是說現在看見的正宮，跟一千五百年的人們看見的正宮都是一樣的模樣。

不過也不得不承認，如果沒有人仔細的導覽解說，來到這裡也只能啟動直覺去感受，更深的含意可能就吸收不進去了。

•

正準備離開外宮時，看見一群日本人以虔誠面容，伸出雙手對著幾塊被攔住的石頭，似乎在「感受能量」！後來看資料才知道這是「三つ石」（川原祓所），據說手伸進去時甚至會感覺到熱度。不過也有一派人說，在這樣神聖之地說什麼「パワースポット」（能量點）是異常不謹慎的說法，用注連繩和紙垂圍著這石頭，正有著此為神聖之地不得隨意侵入的警示。

離開外宮，在搭乘巴士前往內宮前想先填飽肚子，若不是第一次來到伊勢神社，Milly可能會選擇先搭乘巴士前往內宮，再去「おかげ橫丁」滿足味覺食欲也不一定，畢竟選擇比較多，用餐的環境也更有氣氛。

不過反過來說，如果希望能相對安靜的用餐，可能選擇外宮區域較好也不一定。

像是外宮前的歐風花園法國餐廳「ボンヴィヴァン BON VIVANT」，復古風情的建築原本是大正時期的郵局（逓信省の山田郵便局電話分室），時間充裕又想優雅用餐，這裡可能是不錯的選擇，若要控制預算的話可以選擇午餐，不選套餐費用約是九百至一千五百日圓上下。

Milly 選擇在「豚捨 伊勢 外宮前店」點了壽喜燒蓋飯，不過「肉」實在太少，不能滿足，只能很怨念的看著旁邊客人點的漢堡排、牛排套餐，每個都看起來分量十足又好吃，不過後來才知道行家更推薦的是價廉又物美的「コロッケやメンチカツ」炸馬鈴薯肉餅和

ボンヴィヴァン BON VIVANT

炸肉餅。

為了吃這樣怨念著，可能只有愛吃的金牛座吧。

豚捨伊勢是一九〇九年創業於伊勢地方的和牛販售老鋪，可是明明是以高品質的伊勢和牛為賣點，怎麼店號會出現「豚」（豬）的字眼。

其中的說法是，這個老鋪賣的牛肉實在太好吃，客人於是說：「那吃什麼豬肉啦！丟掉吧！」於是就出現了這樣的「豚捨」的店名。

食欲燃燒不完全的午餐後，再繞路去買一個名稱很好聽的布丁，為了布丁即使迷路也會找去，因為 Milly 是大大的布丁愛好者。

「糀屋本店 Kojiya Honten」位在從 JR 伊勢市站出來右轉、「月夜見宮」對面神路通的巷弄內。糀屋本店是跨越了三世紀的味噌、醬油老鋪，近年來則是大力推廣在日本一度非常盛行的健康調味料「塩糀」（塩こ

豚捨 伊勢 外宮前店

うじ，塩麴），糀屋的老闆娘浅利妙峰還出版了多本利用塩糀調味的糀食譜書。

光是想到這布丁「糀ぷりん」居然是由三百多年的老鋪做出，自然就更加憧憬非吃不可了。實際買來品嚐，布丁滑嫩、蛋香濃郁不在話下，最特別的是糀屋本店以醬油代替焦糖，本以為可能很突兀，意外的卻是非常融合，同時也可以吃到微微的來自穀物發酵糀的甘甜。

糀屋本店 Kojiya Honten

內宮外宮相距約六公里，從外宮搭乘巴士前往內宮，車程約是十五至二十分鐘，車票三二〇圓。

巴士的車廂後面依然不忘提醒，「伊勢神宮參拜，是從外宮開始再去內宮」。

進入內宮要先越過鳥居和宇治橋，宇治橋架設於五十鈴河上，是引導人們從世俗世界進入神聖世界的橋，與神殿同樣每二十年重建一次，另外有一說，宇治橋前後的鳥居都是以舊神殿拆下的杉木建成的。

在往正宮的途中會先通過五十鈴河旁，自古以來凡是來神宮參拜天照大神，一定要在此洗手，用五十鈴河清淨河水洗手漱口以潔身淨心。參拜路上還會看見受理對天照大神致謝和祈願的「內宮神樂殿」，和準備供神膳食的「忌火屋殿」。

之後登上兩旁有著千年高聳杉木的三十段石階，進入正宮，天照大神（日本皇室的祖先）被供奉在最深的正殿中（正宮、皇大神宮），由四重柵欄圍繞，但是一般人只能進

入第一道門，而且絕對禁止拍照。同樣的因為每二十年舉行一次式年遷宮，所以參拜者可以看到與兩千年前同一建築格式的正宮，撇開信仰的層面，這或許正是拜訪伊勢神宮最大的魅力之一。

二千年來一直以同樣結構複製留存下來的建築，的確讓人感動，畢竟就連街道歷經了二十年都會有讓人認不出來的變貌，更何況是二千年。

江戶時期前往伊勢神宮參拜是一生一次的夢想，現代人前去方便很多，甚至海外的觀光團也只將這裡當做觀光地，目前數據是每年有將近八百萬人來參拜。

伊勢神宮的建築不是很有氣勢，甚至不是很起眼，實際上卻有不可忽略的歷史地位。

建築形式是以二千年前日本人儲存稻米的糧倉為原型，同時融合古代天皇宮殿的建築元素，所有神社都不能仿造（出雲大社的大社造似乎除外），以尊崇天照大御神崇高的地位，因此特別稱為「唯一神明造」。

從粗概的印象看，外宮、內宮的格局配置大致相同，只是內宮規模大得多。這樣說或許不是太謹慎，但是論氛圍 Milly 是喜歡內宮多些。

只是離開內宮後，一個疑問依然不能消解，就是那在很多日本人的遊記看見，在神宮境內自由行走的「神鶏」到哪裡去了，會不會因為遷宮大神事在即，參拜人潮太多，暫時不出來自由散步？話說原來還有一個稱為「神宮奉納鶏保存会」的組織，會員會將特別養育的雞奉納給神宮，在內宮放養。

離開內宮通過宇治橋（別名御裳濯橋）時，看見導覽義工正對著欄杆的銅製帽子（擬宝珠）說明著，好奇上前「旁聽」，才知道原來每二十年這橋會跟著重建更新，可是其中的一個擬宝珠，居然刻有「天照皇太神宮御裳濯川御橋元和五年（一六一九）己未三月」字樣，就是說原來是將近四百年前流傳下來的。至於是哪一個？就請當作前去時的樂趣之一，自己去尋找看看。

2 おはらい町・おかげ横丁

離開內宮在回去的路徑上，不知道為什麼很容易就被引導跟著人潮一起走進了「おはらい町・おかげ横丁」。

不過不得不承認那天並沒有好好逛這頗有特色的日本江戶老街，走了外宮、內宮，加上那天天氣酷熱讓人異常疲累，就給了自己一堆藉口「反正赤福已經吃過」「聽說名物伊勢烏龍麵很軟不是喜歡的口感」「人潮太多很難放鬆」……之類的，選擇只是以欣賞老街建築風貌的拍照消費方式，略微快步的通過這おはらい町。建築的確是都很有入鏡的迷人風貌，只是沒消費畢竟還是體驗不完全。

旅行中有時難免會在疲累中做出放棄的選擇，只想或許有日可以有機會再次前來，畢竟是頗有趣味的街道。

おはらい町（厄除町）是八百公尺長的街道，石板路的兩旁是一間連著一間的切妻造建築，是只有在伊勢地區才可以看到的建築樣式。傳統伊勢建築的特色是切妻造、切妻

入和橫木框外壁。

在おはらい町上還有一條橫切的區塊「おかげ橫丁」（或可翻為感恩橫丁、托福橫丁），おかげ橫丁再現了江戶至明治時期的伊勢街道風情，堪稱是「濃縮三重地方往昔生活的主題樂園」。兩個區域加起來少說也有上百家的店鋪，讓人眼花撩亂不知道從何著手。

其中最熱門的依然是「赤福本店」，即使幾年前因為賞味期限竄改傷了些商譽，依然無損在伊勢神宮不動的地位。

一堆人排隊也要購買的大人氣伴手禮赤福餅的誕生要回溯到三百多年前，在白色糯米糕上放上波紋狀的紅豆沙泥，是仿造五十鈴川流過石頭的川流。

在這條風味老街上，除了可以在土產店、百年老鋪買三重縣各式名產外，還可以在復古風情的「烤糯米丸子」「烤醬油仙貝」「橫丁燒」攤位，買些小吃邊走邊吃。各有名號的伊勢烏龍麵也各有支持者。伊勢烏龍麵的特徵是一整條粗粗的烏龍麵，完全沒切斷的放入濃濃醬油湯頭中。

如果被太多「復古」「老鋪」「名物」給弄得有些昏頭，也可以換換口味，找間隱密在老鋪、飲食店中的咖啡屋小歇，視野最好的推薦是「五十鈴川カフェ」。

或是逛逛像「ichshina」這樣清新風味的雜貨屋，當然突然意氣風發，去到門口就掛著松阪牛圖案暖帘的餐廳「おく乃」，進去吃份松阪牛套餐都可以。

是少見精采店家密集的區域，真要好好逛一輪，兩個小時也不嫌長。

對了！如果剛巧可以在每個月的一日前來，就不妨選擇住宿在參道附近的旅館，一早起來體驗那非常獨特在凌晨三點開始、各家店鋪提供的限定「朔日粥」「朔日餅」「朔日烏龍」。

伊勢千年來流傳的風俗，每月的一日一早要參拜神宮，也就是所謂的「朔日詣」，這些限定的朔日早餐正是提供給一早的參拜客。

旬（しゅん）
魚介類や蔬菜、果物など、最も味のよい出盛りの時期。
海產、蔬菜、水果最盛產的美味時期。
簡單說就是當季當令的食材。

旬食、旬料理
おいしい食を、おいしい時に。
美味的食物在最美味的時候品嚐。

旬野菜
旬の時期に食べる野菜はおいしいし、栄養価も高い！
當令的青菜最好吃，營養價值也最高。

但也可以加以引申說是「旬な話題」「旬な女優」「旬な旅」，也就是坊間最盛行的話題、最有話題的當紅女星、最符合季節話題感的旅行等等。

什麼季節在哪裡旅行、什麼節令在哪裡旅行、什麼溫度在哪裡旅行、什麼盛產在哪裡旅行？未必有絕對值，但是如果能順著春分、秋分、冬至、夏至，楓紅、新綠、初櫻、雪色來旅行，或許就最能跟著自然的步調一起美好。

CHAPTER 2

出雲大社

IZUMO OYASHIRO, ISE JINGU

選擇從岡山一早七點零五分搭乘特急列車「やくも」前往出雲市，預計十點十分到達，需要花上三個小時多些的時間。

一早搭車的動力是前一天晚上提前在與岡山車站相連的さんすて岡山南館內的「ニューワールドベーカリー」（NEW WORLD BAKERY）購買的漂亮又好吃的麵包，配上無花果優格和高千穗牧場的優酪乳，幸福的旅途早餐沒有「隨便」兩個字，一定要自己為自己爭取。

正如前面所說，Milly曾在二〇〇八年頗盡興的旅遊了一次山陰地方，出雲大社也是其中一個重要的行程。原本可以不用再來巡禮一回，只是遇上六十年一次的平成大遷宮，加上要住宿在櫻花盛開的玉造溫泉，旅行興致就依然高昂。而且在列車行駛的沿線已經不時看見路旁滿開的櫻花，對於這趟以拜訪出雲大社為主的兩天一夜小旅行期待又增一層。

在三個小時的車程中，剛好可以回憶上回的出雲大社旅行，也再確認資料，複習一下出雲大社的特殊地位。

出雲大社是日本最古老的神社，根據《日本書紀》記載，大國主命完成了造國大業後，就把瑞穗國讓給了日本民族的大親神「天照大御神」。天照大御神對於大國主命沒有私心的讓國非常感激，就為大國主命建造天日隅宮供奉大國主大神，天日隅宮就是今日的出雲大社。

出雲大社的正殿風格稱為「大社造」，與伊勢神宮三重縣的「神明造」、大阪府住吉大社的「住吉造」合稱日本最古老的三大神社建築風格，同時也擁有日本第一的大鳥居。

現存正殿約有廿四公尺高，已經夠讓人讚歎，可是傳說出雲大社剛建好時更高達九十六公尺呢。出雲大社參拜方式遵循「二禮、四拍手、一禮」的古法，比一般神社多了兩次拍掌。

由此已經可以看出出雲大社的地位，當然更獨特的還是關於「神在月」的說法。日本人將舊曆十月稱為「神無月」，因為這個月全國諸神都奉大國主之命集結到出雲大社，因此舊曆十月只有出雲是「神在月」。出雲大社主殿兩側的建築內設有十九個小神社，據傳便是用來接待外地眾神。那麼眾神開會主要是討論什麼呢？原來是人的運勢與姻緣，甚至誰要跟誰結婚都是在這些會議中決定。也因此來到出雲大社參拜就有了「結緣」的意念，神社周邊也有很多結緣的周邊商品。

出雲神社「大社造」

CHAPTER 2 ｜ 過著悠閒退休生活的電車

十點十分特急列車到達ＪＲ出雲市站，出了車站寄放好行李，然後走到一旁與車站相通的「一畑電車」出雲站。一切動作都很熟練輕快，畢竟是第三次前來了。心情愉快的原因還包括要搭乘「一畑電車」（Ichibata）。

如果問到Milly最喜歡的路面電車，一定會毫不猶豫的回答鎌倉的「江之電」，已經不曉得表白過多少次了。但如果說到最喜歡的地方電車，則同樣會不遲疑的說是「一畑電車」。二〇一〇上映由中井貴一主演的電影《49歲的電車夢》（RAILWAYS 49歳で電車の運転士になった男の物語），正是以這迷人的電車為故事。

一九一四年開始營運的一畑電車，現在有兩條路線：電鉄出雲市~松江しんじ湖温泉，以及川跡~出雲大社前，從出雲市車站直達出雲大社前站的班次不多，幾乎都要在川跡換車，那天也是一樣從出雲市站上車然後於川跡站轉車。

搭上假期增班典雅深藍配上金色圖案的

「出雲大社号」特急列車，車廂內還處處貼上了關於出雲的神話故事。原來還是東京「京王電鉄5000系」的車輛，一九九八年才投入一畑電車的行列，平日是作為通勤快速列車的「スーパーライナー」（super liner），週末假日就變成「出雲大社号」，成為連結出雲大社和松江しんじ湖温泉的旅遊氣氛列車。（PS：座位則是用小田急電鉄的椅子。）

六分鐘後特急列車到達川跡（即使是普通列車，從出雲市站到川跡站間也不過九分鐘），一下車雀躍的心情瞬間衝到頂點，月台上居然停靠了兩輛Milly最愛的假面超人電車，光是看見已經是興奮，更何況是兩輛，還跟「出雲大社號」並排。二話不說快快的移動角度，利用短短換車時間，拍拍拍拍~~怎麼都要拍下這讓人亢奮的畫面，鐵子（愛好鐵道旅行的女子）的血液在此刻是完全的燃燒著。

這被Milly暱稱為假面超人的車行是3000系，一九九六年加入運行行列，原本是大阪南海電鉄21000系的車輛，可

是實際搭乘就會知道車廂其實已經很老舊，據說在加入一畑前前已經行駛了數十年，鐵道迷都擔心隨著列車的老舊，或許再過些年月就不能看見這些列車在鄉野間行駛。

很喜歡官方網站上對於電車車型的說法：「一畑電車に在籍する車両は、一部を除き、かつて関東・関西の過密なダイヤの中を第一線で走っていた名車達です。今は田園風景の中を、のんびりポタポタと走り、地域の足として頑張っています。」就是說這些從大都會轉讓過來的電車，曾經每天都在密集的時刻表中奔波，終於可以從第一線上退下，可以這樣行駛在田園風景中，悠閒的度過退休後的第二人生。

一畑電車的時刻表也是非常悠閒，有時一個小時也只有一班列車喔，搭乘前務必要上網看看，如此才能同樣悠閒的上路。

有趣的是，可能為了配合出雲大社六十年一度的遷宮大事，居然車上還有穿著橘色制服的歐巴桑隨車導覽，利用短短的十多分鐘，一路用麥克風說著沿線的風景，還唱了首當地的歌謠，完全是觀光巴士規格，因此在亢奮的鐵道旅行中也多了些郊遊的情緒。

列車緩緩駛入出雲大社站，一踏上月台就看見了一個熟悉的畫面，那張曾經出現在《日本大旅行》出雲大社一段頁面上的白色長椅，闊別了六年多，椅子上樸實可愛的繪圖卻是一點都沒變，這一點點幸福確認不就是所謂的「小確幸」嗎？

デハニ50形電車

此時也發現月台另一側置放著一輛復古電車，搜尋記憶，立刻辨識出這正是電影《49歲的電車夢》擔任主角的電車（デハニ50形）。在大部分列車都是向都會採購退役電車的現狀下，デハニ50形電車是難得由一畑電自己設計的專屬車輛。一九二八年開始行駛之後，隨著歲月的磨損，這車型的電車多半被利用作為臨時的「行樂列車」，甚至在二〇〇九年因為安全考量必須隱退。後來因為電影的熱烈回響，現存兩輛列車中的「52号車」就放在出雲大社站內公開展示，「53号車」則是放在雲州平田站讓熱愛鐵道的人體驗駕駛，體驗課程有兩天和一天的不同形式，費用約八千至一萬三圓不等。

デハニ50形電車不光是外型引人，進入車廂內更是有如進入一個美好過去的電影畫面中，經常會想現代版電車的確便利又安全，可是像這樣木質的車廂若是美好為什麼反而必須淘汰不能留存下來呢？

喜歡一畑電車的原因還包含那如聖堂般美麗的「一畑出雲大社前站」，綠瓦屋頂如歐洲鄉村教堂的外觀，跟印象中的車站大異其趣。車站內的半圓形售票口、圓拱型高天井和彩繪玻璃窗、透過彩繪玻璃映在白壁上的圖案，也都是美好得讓人感動著。車站建於一九三〇年，據說當時這樣大膽的設計是為了對抗日本國鐵，希望能創出一個不被和風限制的車站。

這在昔日絕對是摩登的車站跟步行距離約十五分鐘的舊JR大社站（旧JR大社駅舎），就更是大大的對照。一九一二年開業一九二四年改建的JR大社站，有著氣勢非凡的破唐風大門、處處散發出昔日風華的大正浪漫，和洋折衷的華麗內裝有和風天花板、洋風吊燈。不過即使是如此盛極一時的大車站，隨著JR大社線廢線也只能走入歷史。

在鐵道迷心中，舊JR大社站的江湖地位或許勝過出雲大社前站，可是論美感，Milly偏愛後者多些，尤其是二〇一二年車站經過整修煥然一新，還增建了可以看見月台電車的咖啡屋「Restaurant & Cafe LAUT」（LAUT大社神門通り店），好感度自然又大增。

上：一畑出雲大社前站　　下：舊 JR 大社站

時間充裕，不急著往出雲大社方向前去。

走進車站大廳旁掛上彩繪玻璃吊燈的咖啡屋「LAUT」，點了季節限定的桃子霜淇淋（菜單上還有出雲 goen ご縁ラテ「結緣拿鐵」，一杯是日文發音很吉利的五五五日圓），坐在吧枱前摩登的北歐風圖案藤木沙發上，眺望透過吧枱看去的電車、一旁車站大廳彩繪玻璃光影和面向窗外的來往行人，是不是很讚的位置？可以同時擁有這樣不同情趣的風景。有這樣的舒適空間，即使電車班次不多，等待的時間也不會無聊了。

2 | 出雲大社主觀推薦的消費

Milly 消費的南國風情咖啡屋空間旁，是玻璃大窗環繞的寬敞明亮用餐區，午餐套餐一千三百日圓起，咖啡屋一早八點就開始營業，餐廳則是十一點半後才開始服務。

再次來到出雲大社，除了這家咖啡店之外，出了車站沿著神門通走向出雲大社，也能立刻感受到睽違五年多的出雲真是多了好多新的店家，也讓原本色彩有些沉穩低調的街道增添了生氣。

Restaurant & Cafe LAUT

原本Milly想去車站對面紅瓦古民家改造的「ART WORKS GALLERY」，逛逛那以土、木、金屬創作的雜貨，怎知卻碰上了店家週三、四的定休日。同樣因為週四定休無法完成消費體驗的，還有以老鋪「森亀旅館」改裝而成的咖啡屋「坂の下 cafe morikame」。好在從出雲大社前站走去出雲大社入口鳥居，不到十分鐘路程的出雲大社門前町路上，還有很多除了出雲蕎麥麵、結緣小物店外，上次前來沒看的時尚風情小店家，例如可以吃到「出雲ぜんざい」（出雲年糕紅豆湯）的「日本ぜんざい学会壱号店」。

在出雲，年糕、糯米丸子紅豆湯（ぜんざい）是很有意義，畢竟出雲號稱是「ぜんざい」的發源地。有一說在出雲神在月期間會進行神在祭，供奉稱為「神在餅」（じんざい餅）的年糕和紅豆，之後將其煮成紅豆湯給信眾吃。じんざい以出雲方言發音是「ずんざい」，傳到京都變成了「ぜんざい」（善哉），之後就稱年糕、糯米丸子紅豆湯為ぜんざい了。

ART WORKS GALLERY

此外絕對會讓人停下腳步好奇進去逛逛的，還有出雲大社正門前斜對角上二〇一二年八月開始營業的「ご縁横丁」。九間店鋪卻是將所有「出雲」「松江」特色的名產、鄉土美食和結緣小物、工藝品都集合在這裡。

至於二〇一三年四月新開張的「福乃和」，則是少見的河豚專賣店。為什麼要在出雲開河豚專賣店？原來河豚的日文「ふぐ」跟日文「福」的發音類似，於是有著「福をもたらす縁起の良い魚」（帶著福氣的好魚）的好預頭，用河豚烹調的「うず煮」也是古代出雲的傳統食物。如果只是想沾沾好預兆，不必慎重在此用餐，買個同樣特別的「河豚燒」當零食也不錯。河豚燒不是以河豚作為食材，而是將常見的鯛魚燒換成河豚的造型，是同樣吉利的點心。

至於 Milly 主觀推薦的消費則是：

視覺推薦

慶應四年創業（一八六八年）的老鋪旅館「日の出館」

在出雲大社周邊沒有過於現代化的高樓或是旅館、飯店，顯然是為了維護神域的莊嚴。「日の出館」能這樣安靜的隱身在繁榮喧囂參拜客來往的門前町，想必有其不可替代的地位。即使不管這老旅館背後的價值，光是路過也被這以美麗姿態櫻花為前景的和風旅館風情給吸引，停下了腳步，在凝視的瞬間，周邊的聲音都像是抽空一般，剩下的只是眼前寧靜的風景。住宿在這樣純和風的旅館，一早出發散步去出雲大社，光是想像都是美好的事情。

味覺推薦

「大社門前いづも屋」的門前だんご（門前糯米丸子

店內的裝潢樸實沒有可特別推薦的情趣，可是那現做口感軟軟QQ、一串一三〇日圓的糯米丸子真是好吃。可以選擇純味的糯米丸子淋上黑蜜，或是選擇放上紅豆泥、味噌等等。小小的不起眼的糯米丸子，有著店主的專注和堅持，用了奧出雲地產的仁多糯米、以浜山湧水釀造的醬油、佐田町的味噌、三刀屋的高梅、沖繩的黑砂糖等等。

Milly點了兩串，一串放上甜而不膩的紅豆泥，一串是櫻花季節限定的櫻花糯米丸子，漂亮的一朵櫻花沉落在甜蜜的花蜜中，甜甜的花香氣，有些鄉土氣息的糯米丸子頓時也浪漫起來。

好奇推薦

販售鐘錶、眼鏡和裝飾品的「島根屋時計店」

為什麼要去看一間鐘錶店？會進去這間頗有品味卻不是很搶眼的店面，完全是因為店前的看板。看板上不是標明特價的消息，而是希望大家不要客氣，進來看看「手帕」（ハンカチ）。開始的確有些遲疑，可是實在敵不過好奇還是進去了。說是鐘錶店的島根屋時計店，店內放最多的反而是眼鏡和一些跟眼鏡行驗光相關的古董收藏，而空間不是很大的店鋪中央，擺放著色澤光鮮的設計風手帕。

這高質感手帕「Izumonesia ハンカチ」的設計者是出雲出身的設計家有田昌史，聽說店主實在太欣賞這些作品，經過商談才以這樣特別的形式放在店內展販售。微妙的是這些手帕顏色有著沉穩和風，圖案風格卻是強烈的北歐設計印象，再看說明，原來這些圖案是作者以「幽玄的出雲神話世界」發想，當然不可否認的靈感也受到旅行北歐的觸發。

{CHAPTER 2 | 聖域出雲大社}

日文在說明出雲大社店鋪位置時，常會提到「勢溜」（せいだまり）這個字眼。原來是指出雲大社入口鳥居周邊的廣場，也表明由此開始就是聖域。

論範圍的寬廣和被森林環繞的空靈磁場，伊勢神社可能勝過出雲大社很多，如果是建築的莊嚴氣勢，出雲大社則是更讓人沉浸其中。不過在境內櫻花盛開的妝點下，這原本靜謐莊嚴的空間就多了些柔美的和風情緒。

出雲大社從二〇〇八年起動用五年時間進行稱為「平成大遷宮」的正殿大規模維修，維修期間會把大國主命移至臨時正殿，這種遷移稱為「仮殿遷座祭」，維修結束後大國主命會被移回正殿，稱為「本殿遷座祭」。

簡單來說跟伊勢神宮不同，出雲大社的遷宮沒有實際移動建築位置，只是修造御本殿。Milly二〇〇八年來過出雲大社，二〇一三年四月再次前來就可以辨識出本殿屋頂和千木的色澤是較以前鮮明很多。

出雲大社有名的是拜殿及神樂殿的巨大稻草結「注連繩」。拜殿的注連繩長約八公尺、重約一．五公噸，神樂殿的注連繩長約十三公尺、重約五噸，是日本最大。

據說站在拜殿巨型注連繩下拿著硬幣往上丟，能成功不掉下來便會帶來好運，可是這回前去發現跟上回大不同，完全沒有人站在注連繩下丟硬幣。後來問了計程車司機才知道，這行為已經被禁止了，因為在神聖的領域內這樣不謹慎的丟著錢幣是不敬的舉動。當初或許是默許，可是可能超出了忍耐限度，出雲大社才貼出告示禁止。

每回進入像這樣地位崇高的大社，看著旅行團遊客在大殿前喧嘩合照時，都會疑惑的思考著，身為出雲大社地位最高的宮司，是如何在神聖之地和貼近人群中找出適切的平衡點？畢竟是聖域，不是搭建出來的寺廟觀光主題樂園。

光是信賴觀光客的「禮貌」和「自律」似乎很困難，但是過於限制又少了人情和慈愛。

看來暫時能千百年不變維護神聖的，只有絕對不讓凡人任意踏入的正殿裡側吧。

{2 | maru cafe 有緣午餐}

上回來到出雲大社午餐是以名物出雲蕎麥麵解決，這回前來天氣大好就想換換口味，選擇視野絕佳位在出雲大社東側的島根縣立古代出雲歷史博物館（Shimane Museum of Ancient Izumo）內的咖啡屋「maru cafe」（まるかふぇ），享用期間限定的良緣版「咖哩套餐」。

二〇〇七年三月開幕的島根縣立古代出雲歷史博物館，常設展有平安時代出雲大社本殿的十分之一模型和珍貴的出土文物。博物館主體建築由玻璃、水泥牆和銅鏽色的鋼板構成，設計充滿著大氣揮灑的氣魄。咖啡屋位在二樓，有三面視野開放廣角玻璃大窗，可以一面眺望著北山山系和以出雲平野為印象設計的庭園用餐。據說一大片草地的庭園內還參考《出雲國風土記》，種植了古代品種的植物。

說是良緣版咖哩套餐，其實是Milly的戲稱，因為端上來的雞肉咖哩飯上放了「心」

型模樣的起司，沙拉上的胡蘿蔔也刻意切出愛心圖案。不過期間限定則是實話，這以古代米為食材的咖哩套餐正式名稱是「縁ランチ」，特價一千日圓，料理旁還會附上戀愛占卜的心型紙籤。

餐後飲料卡布奇諾可以從出雲神話插畫中選擇拉花圖案，Milly選的是神仙用來當做交通工具的「八雲」雲朵圖案。卡布奇諾端上時一旁還放上了「出雲勾玉」樣子的餅乾。勾玉是日本古代的首飾，象徵太陽和月亮合體，出雲勾玉更是獻給天照大神的三神器之一。

即使不去在意什麼「有緣」或是「神話」主題，光是咖啡屋那寬闊的視野已經是值得推薦一來小歇的絕佳空間。

2 | 大人的咖啡屋 naka café 蔵

從出雲大社回到JR出雲市車站，在前往當晚住宿的玉造溫泉前，怎樣都想挪出些許時間，前往從車站北口出來沿著大馬路前進步行約五至七分鐘，位在中町商店街旁的咖啡屋「naka café 蔵」。

純白外牆、墨黑木框的古風咖啡屋建築，是以屋齡百年以上的稻米倉庫「米蔵」改裝而成。原本以為裡面也該是純和風的裝潢，怎知一進去先是聽見都會風情的爵士樂，家具裝潢也很摩登，不過仰頭看去的高天井還是有古建築漂亮的漆黑油亮梁木，品味新舊調和的空間，第一印象便是好感。

當初在規劃這咖啡屋時就想區隔出主消費層，設定是一個「大人的咖啡屋」，於是用的器具很花心思，燈光照明更是用心。Milly選了入口有自然光灑入的窗邊沙發座位，從刻意壓低的格子窗可以看見隱約的綠意。

隔著一道牆是採光柔和的用餐空間，這樣在一個咖啡空間內精采表現上質的「光和影」，可以看出設計的功力。

高挑天井下垂掛裸燈的咖啡沖調櫃枱，後方牆面放著精選咖啡杯，每一個客人的咖啡杯於是都不同。Milly的蛋糕套餐是大紅色系的咖啡杯和蛋糕盤，在視覺上已經是享受，咖啡更是水準以上的好喝，配上蛋香濃郁甜度適當的美味蛋糕卷，心情一整個愉悅嘴角也自然上揚起來。這樣一個滿意度很高的午後蛋糕套餐不過是七百日圓。看看菜單，野菜豐盛的味噌漢堡、炸雞塊午餐套餐也是一千元有找，難怪即使午餐時間已過，店內依然是滿座狀態。

當初只是直覺這間咖啡屋或許不錯，可是沒想到質感超過預期，套句日本人的說法，從空間、料理和咖啡專業度來看，這是一間「完成度很高的咖啡屋」。

實在是舒適的空間，因此比預期延遲了些時間離開咖啡屋。這時在咖啡屋旁停車場的那端，在逐漸低垂的陽光中，古老建築的白牆輝映下，看見了美麗姿態的櫻花。

在櫻花季節旅行總是可以這樣幸福的，邂逅那可以「一期一會」去讚歎的街角美好櫻花。

CHAPTER 3

玉造温泉 櫻花三昧

TAMATSUKURI ONSEN, SAKARA

三昧（さんまい）
心を一つの対象に集中して動揺しない状態。
在佛說是指，心念集中在一個事情上不動搖。
○○三昧
そのことに熱中するという意を表す。
熱衷於某些事物。在現代語中，更是只要是放縱自己心意的享受著，都可以加上三昧。
如：溫泉三昧、讀書三昧、ゲーム三昧（盡情打電動）、燒肉三昧……

玉造溫泉是日本最古老的溫泉鄉，開湯以來已經度過了千百年以上歲月。從字面看就是一個有造玉技術的溫泉鄉，的確千古以來這裡就是造玉職人的聚集地，職人做出勾玉獻給天皇和出雲大社。

據神話《出雲國風土記》一千三百年前的記載，玉造溫泉有著「一泡這湯容姿端麗，再泡此湯可治百病」的功效。

回想第一次來到玉造溫泉時，還不知該怎樣以大人的態度悠閒，只是途中下車，匆忙在玉湯川的綠意河堤、步道走了一段，去了建築風格特別的大浴場「玉造溫泉ゆ～ゆ」純泡湯後就結束了體驗探訪。記得離開時還想著如有哪天能在浪漫傳說的美肌溫泉鄉度過晨曦、暮色和夜晚該有多好。也因此六年後不但如願住宿，還是玉造溫泉鄉最上質的旅館「界出雲」，自然多少會有些「已經是懂得生活的大人了」，小小志得意滿的醺醺然。

不過這有些幼稚的自我陶醉，很快的就被另一個冷靜的自己給訓誡著，當然也是因為這將憧憬化為實現的玉造溫泉度假小旅行是在絕美櫻花季節中度過，玉湯川畔的櫻花實在太美，多餘的俗事雜念都該摒退。

從JR出雲市站搭上特急列車來到玉造溫泉站，坐著送迎巴士五分鐘後來到位於玉造溫泉川畔中段位置的「界出雲」。玉造溫泉的旅館不論規格大小，幾乎都在川畔。在橫跨玉湯川上的一座座石橋和河堤步道上，可以看見不少穿著旅館浴衣踏著木屐的宿客散步著。跟日本多數的溫泉鄉不同，玉造溫泉沒有販售名產、溫泉饅頭的商店街，沿著河畔只有密集的溫泉旅館往山邊一直蔓延過去。

散步在這設有足湯、座椅、種有花草的河畔步道上，原本已經非常愜意，更何況是櫻花盛開季節。玉湯川綿延兩公里的河堤兩側的四百多株櫻花一齊滿開，那以勾玉石橋、和風旅館、潺潺溪流襯的風景，更是讓人流連忘返。

將行李放下完成住宿登記後，就迫不及待的沿著玉湯川河堤漫步。沿岸滿開櫻花已經讓腳步愉悅，可是在離開旅館走了約二十多分鐘左右接近「木橋」（堂桁橋）的河段，更是絕美得讓人幾乎無法招架。

這美來自三個美好的組合，透明清澈溪流、綠草如茵河原、繁盛粉色櫻花，玉湯川不是太寬闊，這風景於是可以同時映入眼簾，讓人迷醉的殺傷力就更強大了。

堂桁橋櫻花

在櫻花季節住宿玉造溫泉，櫻花一定就是主角。

從堂桁橋返回到旅館後，晚餐前先是體驗了「界出雲」花季限定的人力車花見。步行走在河堤畔賞櫻是一個風情，坐著位置較高的人力車上看櫻花又是另一番風景。

坐著背後印上「粋」字樣車夫拉的典雅黑色人力車，三十分鐘的「姫神の街巡り」行程，從旅館前出發沿著溫泉街玉湯川櫻花並木前進，聽著車夫說著川岸一座座神話的雕塑故事，最後經過有許願石的玉作湯神社後返回旅館。

坐在人力車上，步調和氣氛都是優雅，不過不斷跟穿著旅館浴衣的黃昏散步行人四目相對，不時還要裝模作樣的揮揮手，多少還是有些尷尬。不過也是因為有櫻花邀約，Milly 這才有勇氣完成了「觀光人力車」初體驗。

晚餐後繼續櫻花主題，這回是在溫泉設施「玉造温泉ゆ~ゆ前」前，搭上溫泉鄉共同提供的免費「夜桜さいちょ」巴士，熱熱鬧鬧的跟著不同旅館的客人，一起前往主要的夜櫻亮燈河段，大約也是白天散步時特別喜歡的木橋前後河堤。

在燈光投射下夜櫻有著迷離夢幻的美麗，可是比較起來還是喜歡自然光下的櫻花，於是晚上睡前就設定了鬧鐘以便一大早起床，從旅館再走一次堂桁橋往返櫻花並木散步，獨享無人的幽靜櫻花美景。

第二天五點半剛過就走出旅館大門，外面還是必須靠著川畔古色燈柱才能看見路面的昏暗。只是走著走著，天色一點一點的透亮，河堤的櫻花風景也隨著變化。走在透涼空氣中的河堤步道，沿路只看見一兩位晨間散步的當地居民。

之後來到綠草如茵的河段時，眼前朦朧晨光中的櫻花並木比前一日任何時段都要絕美。被眼前

的美景驅使，貪婪的只想用相機將這美景收藏起來。

這時一陣櫻花雨隨風迎面而來，灑了一身浪漫粉紅。這時才意識到要將身體的「快」釋放出來，放下相機，只是以情緒去享用眼前的櫻花風景，同時走下河堤脫下鞋子讓腳去觸碰草地的露水，側耳傾聽飄落櫻花瓣的溪水聲音，仰頭看著不同角度的櫻花表情。

這樣走走停停一直走到了山陰線的高架鐵道前，櫻花還是一點都沒有離開視野的意思，如何看怎麼走都是櫻花。而後通過鐵道下的通道，來到跟溫泉鄉氣氛完全不同的住宅區河段，就在這個地方迎接了那一日美麗的日出，一個以櫻花為前景的美麗日出。眼前抽離現實的畫面和一路收藏的晨霧中櫻花風景，Milly 都是與那一日的微涼晨光一起獨享著。怎能如此的奢華？怎可如此幸福！

日後只要憶起玉造溫泉，浮現的一定是這日留下的美好櫻花記憶。或許不會在櫻花季再來玉造溫泉，因為已經擁有了最美好的、無可替換的記憶。

TAMATSUKURI ONSEN, SAKARA

{3 | 界出雲}

前身是「有樂」的界出雲以格調庭院環繞著石川瓦屋簷低層建築，在歷史悠久的玉造溫泉鄉內區隔出自成一格的品味奢華。

迷戀櫻花滿開的玉湯川沿岸，於是留在旅館內的時間相對來說就少了些。

時間雖短，住宿期間的舒適感一樣可以濃縮在那古意空間、寬敞房間，和可以隨心所欲利用的房間附設「露天風呂」。

在旅館內中央放置縮小版出雲大社社殿的寬敞大浴場內泡溫泉、喝著一旁放置的冰鎮月見酒「豊の秋」是愜意的，在自己房間點上微弱地燈，聽著庭園傳來自然的聲音，在寬大的檜木露天浴池內舒展身體泡泡溫泉又是另一番滋味。

晚餐可以選擇美味的島根牛套餐或是松葉蟹宴席料理。早餐 Milly 則以好奇為前提，享用了仿造出雲大社供奉給神仙的早餐「神饌朝食」。吃完這模樣神聖的早餐，再出發去出雲大社巡禮，真是沒有比這個更適切的情

緒延伸了。

神饌本身是獻給神仙的餐食，神饌朝食則是界出雲為了「出雲大社本殿遷宮記念」特別企劃的早餐。

白米飯是以前一天晚上供奉過神的白米炊煮，食材則是在跟神仙有淵源的土地上栽種的食材，有奧出雲的仁多米、隱岐島的海士塩、松江古代水等等。

在神社經常可以看見放置供奉神仙食材的白木角盆（稱為三方）上，用一個個素燒的小碟子放上「年糕、玄米、魚、肉、草莓、蒟蒻、羊栖菜、昆布佃煮」。

說實話，這樣的神饌朝食是滿足了好奇，好吃美味就不是那麼樂意畫上等號，至於有沒有因此得到能量就關乎信心吧。

神饌朝食

{3 | 割烹 いと賀}

TAMATSUKURI ONSEN, SAKARA

グ・ル・メ・(gourmet)
美食家、美食評論家。
來自法文的日文外來語，意味是食通、美食家。
但是通常在網站上也有著美食導覽和推薦的意思。

Milly是在以美食聚會來享受幸福的環境中長大的，彷如義大利家族，從小到大家族中有任何好事都是以「吃」來慶祝（甚至不需要什麼理由，只是要聚集起來大吃一番），不單是愛吃，而且是喜歡在家裡自己料理。料理？哈哈～可惜不是Milly，而是號稱超級總鋪師的老媽和阿姨們。

這樣在美味食物中長大的Milly，旅途中味覺的「記憶」「體驗」和「冒險」自然不可或缺，很多時候對一個地方的感覺或許已經淡化，對那裡吃過的美味卻是依然記憶深刻。

旅途的至福時刻也多是發生在美味的瞬間。

在日本旅行「おいしい」，也是最常用到的一句日語。

住宿界出雲沒有選擇在旅館用晚餐，而是在工作人員的協助下，預約了從松江車站走路過去約七分鐘，跟界出雲前身旅館「有樂」有提攜關係的「割烹いと賀」。

日本旅行中最愉快的是可以吃到不同地方性、不同價位、不同格局的美食，不會主觀認定貴才是好吃，B級美食、國民美食一樣可以大大感動。只是這次能體驗正統的割烹餐廳，出發前還是很興奮的。

割烹？跟料亭有什麼不同？一定要特別區隔出來嗎？

以為美食無需拘泥分類，舉凡壽司、生魚片、親子蓋飯、蛋包飯、鰻魚飯等，統稱為日本料理也可以。只是如果能有大致的理解，抱定興趣本位也是不錯。

回憶起來幾乎所有關於奢華版的美食體驗，都發生在小奢華的住宿中，是對等的定律？好的旅館就應該有同等價值的美食。

在旅館享用的美食多是從先附、八寸、お造り到食事、甘味，提供稱為「懷石料理」「宴會懷石」「季節會席」「特別會席」的豪華和風套餐。

旅館外的晚餐用餐就多集中在不同格局的「烤雞串」「居酒屋」，說穿了就是還沒勇氣去挑戰料亭、割烹，依然缺乏氣度，無法在看見帳單瞬間和用餐時悠然自在。

料亭、割烹一定都很貴？

的確隨著時代的演進，很多家常風日本料理店也會以料亭、割烹自稱，Milly這回想挑戰進階的美食「割烹」體驗，則是平實之餘仍帶著貫祿架勢的正統老鋪。

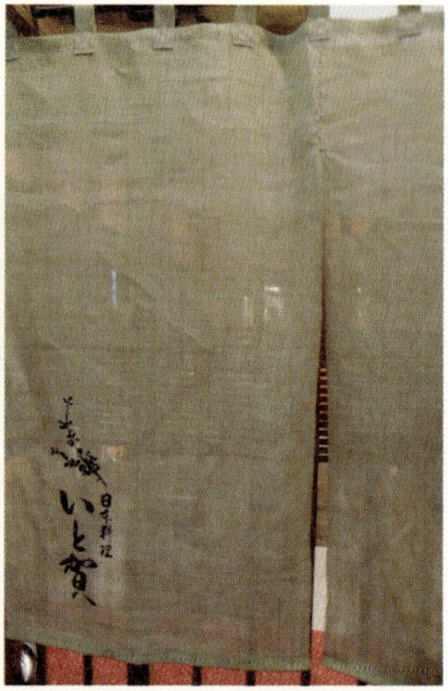

割烹

「割」は包丁で切ること、「烹」は火を使って煮る調理法。
割是用廚刀切開，烹是用火烹煮的調理法。

有說割烹（かっぽう）是傳統料理的統稱，主要是指會席料理、懷石料理、精進料理等，可是到了江戶後期割烹就跟高級料理畫上了等號，不變的特質則是客人在用餐時可以看見櫃枱內大廚一連串的料理過程。

若要簡單易懂的分類，就是割烹可以在用餐時看見廚師的料理過程，料亭則是坐在可眺望典雅庭院的座敷房間內，多是用於宴會、交際、接待。光是從字面來看，割烹是「廚藝」、料亭是「空間」，當然並不是說料亭料理就可以隨便喔。

主觀來說，就是割烹是以正面迎擊的絕對美味來吸引饕客，料亭則是以氣氛、場面和氣勢來取勝。更有一說日本的高級料亭很多更像是低調的日式頂級俱樂部，很少在店外掛上張揚的招牌，而割烹則會大大強調，以區別自己跟一般日本料理店的差異。

日本料理「いと賀」在分類上是「割烹」，意外的是櫃枱座位卻不多，目測一下大約八至十人入座就是滿席狀態，或許這樣的格局是大廚最能掌握上菜速度和招呼人數的。

因此可以坐在櫃枱前看著店主也是板前（大廚）的糸賀利夫先生，帶領著得意弟子以華麗、熟練的刀法、手勢為自己料理盛宴，真是奢侈。

奢侈不僅在於食材是日本海、宍道湖特選海產和地方當令蔬菜，以及配合菜色展現整體美學的食器，更在於可以看見洋溢著職人風範的糸賀利夫，那一連串充滿自信的蒸煮煎炒烘烤炸料理手藝，像一場精采的「料理鐵人秀」就在眼前近距離演出。

最最感動的還不只是過程，那陸續端上來以櫻花為印象的前菜、生魚片、炭烤島根牛，甚或是茶碗蒸、海鮮蓋飯都美味到讓人歎息。說每道料理都是美學+美味，呈現日本料理菁華的作品也不為過，整個用餐過程彷彿是一個日本料理美意識的洗禮。

去除單一料理讓人大大驚艷的經驗外，以套餐而論，在十數年日本美食體驗中，原本北海道「三余庵」「星のや京都」和「星のや輕井澤」的晚餐是排在不動的前三位，可是在這一夜之後「いと賀」則毫不猶豫的就排上了第一位。（笑）Milly不是美食評論家，這當然不過是個人主觀的排行，在用過有限日本美食饗宴後的結論，不過也可以顯示出這頓晚餐的美味有多麼震撼。每一口都是美味，無可挑剔！

是讓文字陷入困境的美味，在料理端上的瞬間、放入口中的瞬間，「哇！看起來好好吃」「真的好好吃」「怎麼會這樣好吃呢？」就瞬間浮現，原來極致的美味只能用最直接的文字才能表現。

價位？

如果是絕對自信的行家或許可以向板前詢問，以單點的

方式用餐，像 Milly 這樣沒自信就可以選擇「季節のおまかせ会席 五、二五〇至一五、七五〇円」，依照自己的預算來選擇。順便一提，Milly 當晚享用的是九千日圓的主廚會席料理。

大人／おとな
成長して一人前になった人。
成長為一個可以獨當一面的人。

大人の旅
大人的旅行。當然不單單是一個大人在旅行，或許還有著自己在旅行中成長、豐富的意思。

日本旅遊情報節目中，偶然也會聽見外景報導員脫口說出：「あ！大人の味だ。」（大人的口味），這樣的感言多在吃了不是那麼甜膩、溫醇，帶著些野性、隱味的料理之後。

那麼大人的旅行又該是怎樣的風貌？簡單說是更有質感的，不被制式化觀光行程牽制的個性化旅行。但應該也不是單單去享用米其林尊貴餐廳、住宿極品五星飯店、搭乘商務艙。

大人的旅行跟年輕的旅行最大的界線，或許是在歲月累積下的餘裕和因自信產生的從容態度及悠然身段。

喜歡晨霧中的古寺勝過觀光名勝，可以為了去喝一杯隱密山林的百多元咖啡花上數千元車費。然後，不論是住宿在荒島上的民宿或是超過年輕人一個月基本薪資的 villa，不論是流著粘膩汗水在雜沓暗巷小吃攤吃著辛辣湯麵，或是在燭光中優雅喝著香檳品味奢華的頂級懷石套餐，都可以自在的從容、樂在其中，同時從箇中得到心靈啟發，繼續在人生的旅途中邁進。

AGE
KURASHIKI
くらしき

CHAPTER 4

再遊／さいゆう

KURASHIKI, MIYAJIMA, NAGAHAMA

再遊／さいゆう

以前行ったことのある土地に、もう一度 行って楽しむこと。

「重遊舊地」是一點任性＋餘裕＋機緣的結果，但更重要的是要自己為自己爭取。若要審視自己的改變，事隔多年去同一個地方旅遊，或許是最能感受到的。

CHAPTER 4

往昔情緒之美的倉敷

KURASHIKI, MIYAJIMA, NAGAHAMA

正確的次數已經有些不記得，以記憶的片段來回想，似乎真的來過好多次，在不同的季節和天氣中。

「倉敷」這個從岡山車站過去，即使搭乘普通列車也不過是二十分鐘的小城，居然是除了永遠去不膩的「東京」「京都」「鎌倉」和「北海道」之外，放入旅途次數最多的地方。

倒也不是有什麼可以大書特書的特色，每次前去的也都是同樣的「美觀地方」。真要深究理由，可能就是緣分吧！緣分來自總是可以不時在「旅行中一定想去」的名單中放入倉敷的元素，明明已經去過了，卻又發現真的怎麼樣都還想再去一次的動機。

唯一一次以造訪「觀光地」的心情前來倉敷，只在第一次。

四百多年前倉敷美觀地方作為幕府直轄領地而繁榮，當時倉敷川河畔有鱗次櫛比的商人宅邸和白牆倉庫。這以垂柳、石板路、豪宅、白牆倉庫交織出的昔日風情老街，被規劃為傳統建造物群保存地區，古老建築有的被修復成古蹟留存，有的經由再生成為美術館、畫廊、名產店、雜貨屋、咖啡屋或是住宿設施。

這樣老屋密度很高的區域內居然存在著歐風建築大原美術館，也讓美觀多了東西洋融合的美感。

第一次拜訪就喜歡上美觀地區不受現代干擾的風味街景，同時也留意到即使是觀光熱門地區，依然可以在此輕易發掘到緩慢的情緒角落。

在「倉敷珈琲館」內喝到了至今難忘的濃縮冰咖啡「琥珀の女王」，在建築攀滿藤蔓的歐風咖啡屋「エル・グレコ（EL GRECO）」吃了午餐，後來被太多新據點給勾起好奇，不能再次前去回味，但每回經過都依然會拍下那個季節下的店面風景。

本以為一次美觀地區已經足夠，卻在兩年後知道有位很有個性的苔蘚女子在美觀地方本町擁有一間很特別的古書店「蟲文庫」。為了偷偷地去探訪這間蟲文庫女主人，Milly 再次前去倉敷，同時也在過程中進一步發現美觀地區更有風貌的「本町」區塊。

本以為這樣算是完整體驗了美觀地方，誰知卻又在未能充分體驗町屋改造咖啡屋「三宅商店」的遺憾下，一次在從四國回到岡山轉往大阪回國前，又把握時間繞路過去倉敷，除了花些時間一早用鏡頭確認美觀地區熟悉的情緒角落外，就把時間留給三宅商店，享用了季節限定的冰品點心。

「三宅商店」該說是倉敷情緒咖啡屋的先驅，咖啡屋沿用之前家庭用具雜貨店的店名「三宅商店」，然後將有著「土間」「藏」「土壁」等老屋格局的百年以上建築改建再生，保留了店面原有的土

EL GRECO 咖啡店

本町

春天櫻花的第四次倉敷

間（建築內不鋪地板的泥地），並在藏屋格局中置入座敷空間，提供以岡山盛產的水果做成的季節點心以及招牌玄米有機咖哩飯。

都已經來了三次，怎樣都該滿足了。

偏偏又透過一本日文情報誌，獲知倉敷美觀地方「不一樣了」的訊息，最大的變貌是以舊藥品商店改裝的嶄新複合式消費空間「林源十郎商店」。

「去」還是「不去」？在心裡反反覆覆，最後還是抵不住Milly對老建築新風貌改造的偏愛，硬是在旅途中排出一個上午再次前去倉敷。

一大早前去，大部分的商店都還沒開店，於是從倉敷物語館旁的入口開始，沿著沒有遊客身影的清靜倉敷川，一路瀏覽著以風味老建築為背景的早開櫻花風景。

經過大原美術館，通過今橋，拍下藍天下的大原家住宅。經過有隣莊，再次從熟悉的紅色鑄花鐵門確認倉敷珈琲館的健在。

不過短短的滯留，Milly已經以為能再次來到倉敷美觀地方真是太好了！尤其是這樣的無人早晨，連倉敷川的川面都可以如此平穩如鏡的美好清晨。

之後從中橋和倉敷考古館旁的叉路，進去在美觀地方最喜歡的區域「本町」「東町」。本來就已經是動人老街風情，在寂靜無人的上午時光中更像是一張想去收藏的風景明信片。「三宅商店」安心的存在著，同時也多了些上回沒看見的好風貌店家，果然美好情緒風景內的好店面周邊，一定會吸引同樣的好店面共存。

同樣的像是既定儀式一樣的在本町找到「蟲文庫」的店面，完成拍照存證，私自的相信只要蟲文庫依然存在於本町，只要店前隨意擺放的多肉植物還是有生氣，本町就一定會持續美好，也一定會有可能再次重遊美觀地方。

三次拜訪蟲文庫，一次是得以入內偷窺到麻花辮女店主田中美穗，第二次公休中，後來在採訪過林源十郎商店再次返回本町時，看到店前貼出手寫便條，似乎店長剛好要出去一下。個性自由自在的店主，這樣的情形是可以理解，甚或該說是魅力之一。

蟲文庫

CHAPTER 4 | 林源十郎商店

二〇一二年春分開張的「林源十郎商店」由「株式会社 暮らしき編集部」規劃，雖說也是老建築改建再生的設施，可是格局和企圖都大更多。

原址是一六五七年創業的林家藥商店鋪（建築本身建於一九三四年）、住家建築，木造的本館、母屋、倉庫和庭院都予以修復，改造成一個以「豐實的生活」為主題的「倉敷生活デザインマーケット」（倉敷生活設計市集）。

複合設施內進駐八間涵蓋著「衣、食、住」的店家，除了一樓的「倉敷意匠アチブランチ」和二樓的「生活デザインミュージアム倉敷」「ミュージアムショップ"」（Museum Shop）是展示販售生活雜貨的空間外，其他還有牛仔褲專門店、窯烤披薩店、義大利餐廳，以及不時有主題作品展的頂樓露台咖啡屋等等。

論精采，Milly個人最推一樓、二樓的販售空間，注目的商品有製造地在倉敷的mt紙膠

帶，還有當地的作家雜貨小物作品和世界最美好生活示範的北歐生活道具。

品相豐富的各式生活雜貨，品味陳列在陽光穿透的寬裕空間內，光是置身期間已經可以幸福。

在傳承古來技術、活用傳統素材的同時，也將設計放入新商品中，林源十郎商店寄望可以成為「再次審視自己生活品質」的契機、提示。

超越世代的生活美學讓每一天都能活出品質，也可以藉此思考生活的豐實來自什麼？未必是絕對的金錢價值導向，是珍惜日常的每一個自己可以掌握的確幸，即使只是自己常用的一個咖啡杯或是一雙筷子。

自在的同時也要認真的在生活中放入努力。同樣是一杯咖啡，同樣是一片土司，多了些用心就會不同，受惠的不是別人而是自己，何不嘗試看看？

計畫中想在窯烤披薩店「pizzeria CONO foresta」（ピッツェリア・コノフォレスタ）

用午餐，距離午餐開始的十一點三十分還早，就先是爬上三樓，從戶外露台透過豪放擺置的櫻花，眺望一整面東町、本町老街全景。之後來到一樓最早開店的「Cafe Gewa（カフェゲバ）」吃早餐。

是簡約又個性的空間，厚重半弧形的櫃枱座位環繞著咖啡沖泡、料理烹調的開放廚房。是京都人氣自家烘焙咖啡屋「FACTORY KAFE工船」的姊妹店，自然可以喝到專業水準的黑咖啡，此外還有供應午餐，晚上則變身為自由風的酒吧。

可是明明是看過參考資料前去，那原本號稱七點開始供應的早餐卻從菜單上消失（後來看網路資料，早餐又出現了？），營業時間也從七點改為八點。

早餐沒著落難免失落，但咖啡屋的氣氛很好不想就此放棄，於是點了杯特調咖啡，濃郁咖啡一口喝下，早起昏沉的身體立刻像是被喚醒一樣。

喝著咖啡翻開雜誌想想接下來的散步路線，上上網臉書一下，自我滿足於告知自己在地球哪一個位置時光點上。

原本就喜歡的倉敷多了這樣意念完整的空間，日後在旅行主題定位上勢必會有所改變。

在咖啡屋混了好一段時間，想說該去披薩店探探狀況，可是本來十一點半開店居然又說要延遲至十二。

這一天的「林源十郎商店」美味時間都在錯亂中，食欲無法充分滿足多少有些悻悻然，空間體驗是超值滿分，但消費體驗卻是有些燃燒不完全。

前去方式可參考網站，大約是從JR倉敷駅南口走去徒步約十五分的地方。

在返回 JR 倉敷車站前被指示牌圖案吸引來到小巷內，是入口用竹竿掛上戶外版露天暖帘的「倉敷路地市庭」。

每週六上午九點至下午三點倉敷路地市庭開張，在小孩子平日玩耍沒有車輛進入的小巷邊空地進行。這樣說似乎很籠統，官方說法的位置是「阿知町東部商店街北側」。不過也不用太擔心會錯過方位，在通往車站的大馬路上會放上明顯的指引看板。

倉敷路地市庭開始於二〇一一年，原本在關東地方工作的上班族原浩之先生闊別廿五年回到家鄉倉敷，發現鄰近原本跟生活貼近的蔬菜、鮮魚店都消失了，昔日人情風貌也漸漸冷卻，更有鑑於老人家很難到遠處購物，於是跟當地住民組成了委員會，利用巷弄的空地，嚴選十五家岡山縣農產品、手作小物和食品等店家每週來此設置攤位，企圖讓在時代中消失活力的巷道能恢復往日生氣。

規模不是太大，初看的印象樸實，原以為或許就跟一般鄉鎮假日市集一樣，有些菜市

場格局。可是光是入口的石窯披薩攤位已經夠吸引人，想想剛才未能耐心等待窯烤披薩店 pizzeria CONO foresta 開店，居然可以在這樣預期外的小巷內吃到似乎很道地的窯烤披薩，完全是天意，於是二話不說就買了份五百日圓的二色番茄窯烤披薩，在等待披薩烘烤時就進去市集內看看。

說意外是因為一開始沒有過多的預期，實際逛逛以為意外的有內容。

說定位是有機農產手工市集也可以，天然酵母麵包攤上的麵包種類很多，來自有機農場的蔬菜更是模樣新鮮、色澤豐富。

其中絕對不會忽略的，是由甜美外國女子擺設的「米糕點」「有機麵包」攤位。使用的白米還註明是自家栽培？很難將眼前的外國女子跟農田聯想在一起。

原來呢，這間攤位來自「岡山御津の片田舍にある小さな農園＋自家栽培の米粉を使ったグルテンフリー焼き菓子専門店」ホトトギス。

外國女子 Sara 美國加州出身（先生是日本人），曾經以販賣車的形式販售麵包，現在則是不定期參加一些市集攤位。她與先生在岡山有一座有機農場，原本設有烘焙麵包屋，製作麵包、司康的小麥、稻米或蔬果，都來自自家農場。可是進入二〇一三年，夫婦卻作出了重大的宣言，決定以後不再販售跟「麥子」有關的麵包或是糕點，日後將專注於米、藍莓、有機蔬菜和放養雞蛋的生產製作，糕餅也因此都改以米來製作，似乎跟莎拉太太居然對麵粉過敏有關。

從ホトトギス網站點入，可以看見夫婦從二〇〇五年以來非常波折的奮鬥年表，幾乎可以拍成一部電影的故事份量。

除了倉敷路地市庭背後的企劃者、甜美外國太太之外，每一個攤位的背後應該都有著自己精采的故事。

CHAPTER 4 以大人態度在宮島

KURASHIKI, MIYAJIMA, NAGAHAMA

值得紀念的第一次日本旅行，在旅途中排入了宮島的嚴島神社，不管怎麼說都是日本三大景之一。有阿姨同行的第一次日本旅行，也排入了九州的太宰府、廣島的原爆公園、京都的清水寺、富士山的蘆之湖、仙台的松島和東京的東京鐵塔、迪士尼樂園……

再次踏上宮島，毫不誇張的居然隔了二十多年，足夠一個剛出生的孩子經歷大學畢業、結婚立業生子的二十多年。

矗立在海中的大紅色嚴島神社鳥居然依然是二十多年前的模樣，Milly在這二十多年來除了年歲的增長還有怎樣的變化可能連自己都不能掌握，只知道再遊宮島時可以愉悅自己的已經不僅是小鹿、鳥居、嚴島神社，還有那在五重塔旁坡道上老屋改造的風味烘焙咖啡屋。

古來嚴島神社只供皇族祭拜，一般平民甚至不准踏上宮島，因此宮島一直被喻為「神之島」。可是現在的宮島就完全沒有神之島的莊嚴，遲遲不能再鼓起興致踏上宮島最大的阻力，或許就是那跟寧靜無緣的一船一船湧入的世界各地觀光人潮。

一度想不如就夜宿宮島，如此至少可以在第一班船駛入宮島前的短暫時光擁有神聖寧靜的嚴島神社風貌。只是宮島旅店的價位一直偏高，也以為自己妄想能擁有寧靜宮島的想法過於任性。

於是心念一轉，給了自己一個「態度」，就是只要能玩出自己的宮島就好，一個闊別二十多年

再次重遊的「大人宮島消費態度」，然後挑戰如何能讓鏡頭下的宮島安靜又閒適。

睽違二十多年的宮島消費態度

午餐選擇在時尚風旅館「蔵宿いろは」內的「yoimosezu」，不是計畫中的用餐選擇，原本只是要去表參道入口上的雜貨屋「zakka ひぐらし」（HIGURASHI）。還沒細逛雜貨屋，卻發現原來HIGURASHI是附設在蔵宿いろは內，好奇心下就先是分心逛起旅館空間，看見窗外風景極佳的用餐空間，就決定不如先坐下來吃頓稍早的午餐。

二〇〇八年開業的蔵宿いろは是由百年老旅館「ひがしや」全面翻修後重新開張，正門面對熱鬧表參道商店街，餐廳則是隔著有之浦步道面對大海。

從餐廳落地大窗可以看見松原步道上往返的觀光客和悠閒踱步的小鹿，更讚的是可以遠眺海面上的大紅鳥居。可能是午餐價位訂得有些高，店內的客人不多，加上空間隔音做得完善，即使人潮就在眼前，隔著玻璃窗卻聽不到喧囂聲音，於是可以擁有在人氣觀光地內以為不可能擁有的悠然。

天氣好時餐廳會敞開大窗讓海風吹入，到時又是另一番風情吧。

餐廳價位訂得高似乎也是對價關係（日本人稱這是ホテル価格，飯店價位），翻看跟櫃枱索取的旅館簡介和價目表，一個人一晚住宿包含早晚餐是四萬四千日圓起，透過訂房網站選擇淡季也要三萬多日圓。

餐廳「yoimosezu」

雜貨屋「zakka ひぐらし」

旅館「蔵宿いろは」

如果不計較房費，「蔵宿いろは」走去嚴島神社和渡輪棧橋都不過是五分鐘，部分房間可以眺望夜色中的嚴島神社，是不錯的住宿選擇。

至於那天選擇的二千二百日圓星鰻（穴子）午餐套餐，餐具用得講究，料理也烹調細緻，算是滿意的一餐，如果不用餐當作小歇咖啡屋也很適宜。

用餐後繼續未完成的雜貨屋探訪，「zakka ひぐらし」是旅館附設的紀念品空間，因此販售有蔵宿いろは周邊商品，此外即使是旅館附設商店，擺放的卻不是哪裡都可以買到的規格化宮島主題商品。主題一樣是宮島的「鹿」「鳥居」「楓葉」，卻是店家拜訪過日本各地挑選出來的獨立作家手作雜貨，很明顯旅館是以「雜貨屋」格局開店而不單單是「禮品店」。

從蔵宿いろは離開，先是往嚴島神社方向散步，看看那一個時刻的鳥居和神社的姿態。旅行宮島最大的樂趣就是這樣觀察海水是深是淺、是漫過往鳥居的路或是可以如陸地般走向鳥居。

當然除了拍攝鳥居這一刻的模樣，宮島的鹿也不能忽略，尤其是在櫻花季節中如何把櫻花＋鹿一起入鏡又是一個挑戰的樂趣。

之後 Milly 又返回表參道商店街，對一路上的紅葉饅頭、烤牡蠣都不瞥一眼，專心一意的來到店前掛著白色燈籠、位在表參道商店街中央位置上的「牡蠣屋」。

這是一間在宮島常見有牡蠣可以吃的餐廳，也是一間新型態牡蠣店，看見店內店外都是滿滿的客人，其中還有不少搖曳著手上酒杯神情陶醉的老外，就可以知道這是大成功的觀光區美食轉型範例。

在宮島可以看見很多烤牡蠣的小攤子，但是完全的牡蠣專門店意外的只有這間「牡蠣屋」，此外這家店還有另一個唯一，就是採用宮島對岸高品質的「地御前産かき」牡蠣。店內採用的是二年半至三年的養殖牡蠣，為了能吃到牡蠣本身濃縮的甘甜、海味，調理方面多採取簡單的烹調，像是直火炭烤、整粒生吃（十月末至三月期間限定）、牡蠣飯和炸牡蠣。

為了讓招牌直火炭烤牡蠣（焼きがき）接近完美，牡蠣屋在二〇〇八年開張時還挖來

有四十年經驗的宮島炭烤牡蠣職人。的確光是看見店頭火光熊熊的炭烤牡蠣架勢就已經食欲大增。直火炭烤帶殼牡蠣一人份四個是一千日圓，單點一粒也沒問題。

排了一會隊伍進入店內，被安排在靠近炭火爐邊上的牆邊櫃枱座位，所以一直會感覺到背後有火光，氣氛很熱絡。

如果不想考慮太多，都會建議點那沒放在菜單上的二千日圓「牡蠣屋定食」，包含牡蠣飯、炸牡蠣、牡蠣湯、生牡蠣、牡蠣のオイル漬け等等，該店特色的牡蠣料理可以全部吃到，沒放在菜單上為什麼偏偏有很多人點？可能也是一種作戰策略。（之所以能拍到下一頁的牡蠣屋定食，是厚顏跟一旁點餐的兩位日本女生拜託借拍的。）

另一個很特別的料理是三百日圓的「かきむすび」（牡蠣飯糰），可以外帶邊走邊吃。

當日在宮島的午餐原本早就鎖定「牡蠣屋」，只是中途被可以看見鳥居好景致的餐廳「yoimosezu」給插了隊，就改變動線，先去跟嚴島神社重聚，之後再回頭吃那依然不願意放棄的第二頓午餐。不過畢竟已經用過午餐，於是就以質制量，點了一份一千五百日圓的牡蠣グラタン配上六百日圓的冰鎮白酒。

會選擇比較冷門的牡蠣グラタン（焗烤牡蠣），完全是因為太感動於菜單上豐富到讓人興奮的酒單。

酒單真是異常的豐富，以一個在觀光地的牡蠣店來說，從香檳、粉紅酒、紅白酒、日本酒一應俱全，在每一種酒品的下方還會標註搭配怎樣的牡蠣料理最速配，單杯從五百至一千日圓都有。

原本宮島烤牡蠣較像是鄉土料理，這裡加入焗烤、橄欖油醃製等菜單又加上豐富酒單，光是料理旁放了高腳杯的香檳、紅白酒，用餐氣氛就完全脫了土氣，時尚起來。

端上來熱騰騰的焗烤牡蠣真是好吃到不行，配上冰涼濃郁的白酒更是絕配。要不是才吃過午餐，這樣的美味可能會讓 Milly 失心瘋的猛吃。

店內除了店頭的櫃枱座位，一樓後方和二樓都有寬敞的桌位。讓人期待得心癢癢的還有必須事前預約的四千六百五十日圓晚餐套餐。

在「yoimosezu」「牡蠣屋」用餐，體會到宮島真的不一樣了，在體驗了咖啡屋「サラスヴァティ／sarasvati」後，更加深刻的體會到宮島的不一樣。

{4 | サラスヴァティ / sarasvati}

登高五重塔後從一旁坡道下去，看見觀光客較少的緩坡上方那棟墨黑沉穩建築時，已經直覺確認這一定就是咖啡屋サラスヴァティ了。

改造於大正時期殘留下來的名產批發倉庫，門口最顯眼的地方堆放著麻袋裝著來自世界遙遠莊園的新鮮咖啡豆，放著古董天秤的古風木櫃後方則是強調專業的咖啡烘焙機，也因此在進入的瞬間空氣就飄散著迷人的炭烤咖啡香氣。

以裸燈泡營造氣氛的一樓店內有十八個座位，有隱約海面視野的二樓則有卅二個座位。是以色澤營造出低調簡約大人風味的咖啡屋空間，然後以品味的古董家具演出上質感，店內流洩的是低沉的爵士樂。店員穿著白制服襯衫裹上黑圍裙，頗有巴黎咖啡屋服務生的味道。

因為一樓二樓都客滿，Milly即使是一個人，居然很幸運的可以獨占一樓裡側貼著岩壁建構的半包廂兩人座位，還可以看到一樓狹長

空間內其他桌位的風景。

點了咖啡配上同樣是沉穩風貌的布朗尼蛋糕，咖啡選擇中烘焙，保有順口的果實酸味同時有著回甘的香醇，是可以品味到專業用心的好咖啡。蛋糕＋咖啡的套餐是八八〇日圓，糕點是以咖啡為主角篩選出的口味，用餐時間也有放入宮島牡蠣、牛筋的義大利麵等午餐套餐。

獨占店內唯一的小包廂實在太舒適，待到充分滿足才離去。第二次的宮島是喜歡的宮島，下一次又會以怎麼樣的吸引點再次踏上宮島，或許是另一間有堅持的咖啡屋？

CHAPTER 4

在歷史與日常交錯中體驗長濱

KURASHIKI, MIYAJIMA, NAGAHAMA

來到一個地方重遊，看見熟悉的喜歡角落依然好好存在時總是會有幸福的安心感，但是當發現重遊的地方多了新的美好元素更是愉快的體驗。

「妳一點都沒變！」「妳變漂亮了！」若是妳，喜歡聽哪一句呢？

同樣是以不同機緣不同動機第三次來到滋賀的「長濱」（長浜）。

第一次是為了長濱頗具特色的「黑壁街道」（黒壁スクエア）景觀、要去吃區內的古民家咖啡屋「叶 匠壽庵」稱為「森の華やぎ」的栗子蛋糕，離開時則是吃了大人氣「鳥喜多」便宜又好吃的五八〇日圓親子蓋飯（親子丼）。

第二次是為了日本戰國時期的武將暨大名「石田三成」，以歷女（喜歡歷史的女子）再次前來石田三成的出生地長濱，瞻仰了跟石田三成侍奉的豊臣秀吉有著深遠淵源的長濱城，還有站前以秀吉和三成初次會面的軼事為題的「三献の茶」（三獻茶）銅像。

二〇一三年春天再訪長濱則是回歸 Milly 私旅行中的典型動機，為了入住新概念老街住宿空間「季の雲ゲストハウス」（季之雲 GUEST HOUSE）和探訪一間每個週末必須移動七十公里以上來開店的咖啡屋「木と森」。

黒壁五號館
THE FIFTH OF KUROKABE'S

「季の雲ゲストハウス・ホテル」這新型態町家住宿設施有兩種不同邏輯的住宿空間，分別是整棟町家以期間租約住宿的「季 toki」和「雲 kumo」，以及擁有七間雙人房的旅館空間。

如果可以，當然想住在獨戶兩層有庭院的町家，但是這樣一個人住在一五〇平方公尺的房子內還是過於放縱自己的奢華，於是冷靜的預約了旅館二樓套房。刻意選擇面向石板路老街的二樓房間，是期待可以透過格子窗感受老街晨曦暮色的生活節奏。

可是或許因為是安靜的歷史老街有很多老屋也都是店家，因此早晚都只有寧靜，生活感反而無法觸及。即使如此，第二天一早起來躺在床上任著晨光一寸寸透過格子窗進入屋內還是非常迷人。

季之雲 GUEST HOUSE 跟老鋪三谷旅館位在同一條町家商店老街上，是黑木格子窗古民家的風貌，外觀跟周遭老街風情完全不突兀的融成一體。

房間空間是生活簡約風，因為加入了和風屋舍的梁木、天井、格子窗元素，或許該說是和洋折衷的生活簡約風。當 Milly 打著赤腳走在白木地板，把行李中的衣物全部掛上，以簡易廚房幫自己泡一壺茶，將外套包包隨意一丟放鬆窩在沙發上時，就完全有回到自己住家般的舒適放鬆。說這是旅館空間，卻完全跟印象中的旅館格局差別很大，說是一個美好生活的示範公寓，一個理想的 share house 或許更適切也不一定。

「歷史和日常交集的空間」「町家的格子窗摩登的住宿配置」「如日常生活般的投宿」。

這以上的形容詞都很貼切於這個住宿體驗。

除了面對老街的房間，裡側還有面向草地、庭園的房間，更有公寓的感覺。Milly 住宿的二樓房間可以直通到隔壁棟二樓配置有沙發、雜誌、書架的談話室。從談話室下去就是裝潢明亮的餐廳，餐廳面對庭院的空間則是展售生活陶器、雜貨的藝廊。

雖說是住宿在旅館內，卻沒有專責的住宿招呼櫃枱，要去附設的餐廳跟服務人員告知要登記入宿，再由服務生帶著前往住宿的房間。

平日一人住宿房價最便宜可以控制在一萬日圓上下，Milly則是預約了期間限定一泊二食的「ギャラリー季の雲で取扱う作家の器で食べるプレミアム・ディナープラン」，特色是晚餐的餐具用的是附設的生活陶器空間內展示的作家作品。

用餐空間雖是法國料理餐廳，卻不是隆重正式的法國餐，但也不能說是家庭料理風格，或許可以定位為漂亮的法國輕套餐（完全擅自作主的稱法）。不過或許是對這法國料理晚餐期待很大，實際用餐後以為——絕不是不好吃，可是就是沒有多少特色，簡單來說就是找不到印象深刻的點去稱讚，總不能說餐具的確很漂亮，畢竟用餐最終還是要看食物的美味衝擊。這樣說好了，這一餐如果是稱讚一個女生，那就是「美女」，但不是「大美女」，哈！又離題了。

是短暫滯留的長濱町家住宿體驗，黃昏前入住，第二天天剛亮就要搭乘第一班列車離開，去朝聖這年春天意外早開的東北三春櫻。即使是短短滯留，卻很巧的遇上一年一度的長浜曳山まつり「子ども歌舞伎」，晚餐前在暮色中從旅館走出，隨著晚風傳來的三味線樂音散步到一旁巷弄內掛著紅燈籠的傳統曳山車前，聆聽了一段畫著歌舞伎大濃妝的孩子演出狂言。

只是前夜祭的人潮不是太多，大多就是老街上的居民，反而多了些昔日老街祭典風味。難忘的時刻卻不單單是這偏離日常的和風小孩歌舞伎，而是在返回旅館的途中佇立在街口，眺望著點上昏黃燈火的「季の雲ゲストハウス」融入在彷彿時空停滯的老街風景，想到今晚就要住宿在這沉澱著千百年歷史回憶的美好老街，整個人就陶醉在這非現實的畫面中久久捨不得回神過來。

季之雲 GUEST HOUSE

長濱老街

刻意選在週六以一萬七千二百日圓住宿「季の雲ゲストハウス」，是為了遷就怎麼都想去探訪一次，週六週日才營業的手工雜貨咖啡屋「木と森」（ギャラリー＆カフェの「木と森」）。

被這咖啡屋吸引的最大因素說起來也有些微妙，不是因為這裡的咖啡多有口碑或是雜貨多麼有特色，而是店主居然為了這間店每個週末要移動七十公里，從愛知縣來到滋賀的長濱。Milly對於這樣不顧成本、利益，只是隨性甚至有些傻勁的作法是沒多少抵抗力的。

畢竟自己也常常有些不合計算、計較的，花超出一杯咖啡很多的交通費用，長途跋涉只為了去擁有一間天涯海角咖啡屋的美好時光。

「木と森」咖啡屋營業時間是上午十一點至下午五點半，在季の雲ゲストハウス放下行李已經接近五點，於是沒多遲疑就往這咖啡屋走去，怕錯過這時機下次不知什麼時候才

會再來長濱。在迷路後終於來到店前，已經是五點十多分，可是笑容靦腆的老闆和面容溫柔的太太還是不以為意的悠然招呼著，很快的一路焦急過來的Milly也安穩下來，融入在店主營造的和緩空氣中。

店主木全俊吾先生和太太原本就在愛知縣的一宮市擁有稱為「SOSO」的工作室，先生的作品主要是生鏽質感的鐵製雜貨、小物，太太的作品則是以布和草、木為質材。

當初會來到距離自家這麼遠的地方開設新店，老闆的理由居然只是：這裡的朋友問我可不可以在此做些什麼呢？也沒多大的疑惑，只是想或許在水到渠成的發展下會出現些什麼也不一定。

總而言之，就是一個與其說是大剌剌不如說是擁有豁達意念的生活家。

「溫柔而強大」。

突然想到Milly一直憧憬的本質，在這對夫婦身上似乎存在著，好羨慕！

如此的性格也顯現在咖啡屋內，緩慢的、不急不忙的，一個沒有野心卻讓人可以獲取很多自在和想法的空間。

只是被俗世薰染太久，多少還是會為他們的利益擔心，畢竟不是位在觀光客流動的商店街上。店鋪位在長濱八幡宮參道上，也可以「長浜大宮郵便局」為方位詢問，咖啡屋就在郵局的斜對角。

一樓是設有沖調、料理吧枱的咖啡屋，二樓是手作雜貨、器具展示和販售空間。

獲得主人的同意來到二樓參觀和拍照，在透入微弱午後陽光的寬敞空間內擺放著夫婦二人和其他手創作家的作品。這裡的每個作品在店主好品味的擺設下，每一個角落都像是泛黃的美麗明信片，真的好想把每一個角落都變成圖檔留下來，但是一個羞愧又浮現，真是的！怎麼又讓貪婪的欲望覆蓋這樣的悠然美好。不可不可！

回到一樓喝著冰咖啡配上手工蔬菜鬆糕點心（ケークサレ），或許是孩子還小只好帶

在身邊，咖啡屋桌上夫婦可愛的小女兒也同席吃著牛奶點心，看很多日本人的部落格分享也都有提及小女兒的存在。

一家人在這空間幸福得很自然，Milly 也被這日常的畫面感染著。

放小鬆糕的盤子和叉子，是木全俊吾先生的金物作品，樸拙中帶著溫柔。

金屬的作品看似堅硬卻是溫柔，老闆看似溫柔卻是強大。

即使店主看起來真是不慌不忙的淡然，但是真的好希望有更多人能分享這裡釋放的美好。只是店主似乎真的是與世無爭，連只開店的週六週日有時也會不開店，前去時最好事先上網看看確認較好。

對了！忘了說，咖啡屋除了咖啡、糕點外，也有限量的樸實好風味午餐提供。

CHAPTER 5

昔日美好的華麗轉身

KYOTO & KAMAKURA

再生／さいせい
經由「リフォーム」和「リノベーション」完成的空間再利用。

旅行中完全無法抗拒，一看見就興致大增的專有名詞是「再生」。

不過這裡是單指房屋、建築的華麗轉身，遭遇頻率最高的絕對是京都。

甚至認定深受京都吸引的，正是「京町家再生」體系下呈現無限可能的生活美學創意。

再生跟有線電視日本頻道人氣播放的改建翻修節目「大改造!!劇的ビフォーアフター」（超級全能住宅改造王）又不盡相同，再生是保有房屋本身靈魂、軀體的同時，又賦予新的生命力和使命，以延續那美好。

如果以日文來看，翻修、重新裝潢是「リフォーム」（reform），再生則是「リノベーション」（renovation），但不論是翻修或是再生，都不是將建築整個拆除重建就好了。

簡單來說，就是原本是古民家、町家、倉庫，改建成為咖啡屋、旅宿、藝廊，原本是廢棄的學校、廢棄的工廠，改成了美術館、複合式藝文中心等等。

更貼近的例子就是台北的華山藝文特區、松山菸廠藝文特區等將閒置空間再利用，還有台南的老房咖啡屋、情緒旅館的風潮等等。

在Milly的旅行筆記中，留下了很多這樣老屋再生的體驗記憶。

對於老屋新生命的憧憬短時間內不會退卻，只要聽說哪裡有精采的再生空間，一定會排除萬難一探究竟，以消費留下記憶。

5 京都分租大樓「つくるビル」

CHAPTER

KYOTO & KAMAKURA

二〇一三年五月中旬探訪的是從 JR 京都車站走過去不過十五分鐘，位在五条通上的複合式創意工作室大樓「つくるビル」（做東西大廈）。

這棟複合文創大樓開始於二〇一二年十二月，因為附近沒有密集商店街和古寺大廟，是容易路過忽略的存在。

大樓正如名稱，是集合了各種「做東西」的空間，可以是展示創意作品的藝廊，可以是咖啡屋，可以是販售創意手作小物的店鋪，只要有做出東西來就可以共存共生。為了能讓更多元的創意人入駐，有的房間還為陶藝作家設置了電氣窯。裡面的主題工房有著多樣面貌，有花店、設計工作室、青菜店、自行車行，還有古書店。儼然是一個夢想實踐的「集合體」！

分租大樓つくるビル的舊有名稱是林英ビル，房東原本是沐浴布巾批發商，可是隨著年歲出現漏水狀況，在找不到承租客人的情況下拆除再建勢在必行，可是在一群有志之士的說服下，屋主答應嘗試將整棟大樓重新規劃，讓年輕創意人進駐，將建築機能再生。

目前四層樓的建築內可容納二十個創意單位，光是看大樓外觀已經直覺這是一個洋溢著創意的地方。通過不起眼的入口先是看見一整排寫著數字的木製信箱，爬上二樓映入眼簾的則是一個跟單調線條的外觀完全大異其趣的粉嫩花卉壁畫。

Milly首先要去探訪還是最喜歡的咖啡屋空間，位在二樓二〇二室的「マルニ　アトリエカフェ」（まる2）。咖啡屋提供有幸福感的手作菜餚定食午餐，開放廚房內經常飄散出料理的誘人香氣。下午兩點後會有現做的紅豆餡「鯛魚燒」，這裡的鯛魚燒看起來很隨便，不是說很混，而是很大方的讓麵糊泛出來，於是一條鯛魚燒會帶著很大片的焦香邊邊。鯛魚燒的感覺就像是這咖啡屋的空間，看似隨意甚至有些不修飾的粗糙，但整體卻有著安穩的舒適。

做東西大廈「つくるビル」

咖啡屋「まる 2」

二手書店「YUY BOOKS」

用餐空間有些像是大學的美術教室，每張帶著歲月痕跡的餐桌原來都是不同風貌的書桌，配上印有二〇二數字的圓板凳。用餐空間一旁是現代裝置藝術的展示空間，有些桌位還是直接放入這些裝置藝術空間內，奇怪的是即使是這樣的組合，視覺上卻毫無突兀感。該說老屋子空間本身就很有包容力，可以縱容任何帶著任性的想法。

咖啡屋門口邊有擺放設計書籍的書架，旁邊的編號二〇一室房間則是二手書店 YUY BOOKS。不大的書店很有個性的擺放著陌生的二手小說和讀本，其中也穿插著一些獨立出版社的個性出版物。

Milly 在這買了一份離島經濟新聞社出版的季刊「ritokei」，光是那首頁上的跳躍鯛魚已經讓人雀躍得想買下來。離島經濟新聞社本身致力推廣「島 Books プロジェクト」（島書計畫）運動，促成更多書店闢出一個書架放置日本離島的相關出版品。顯然這間小小的書店就是被這計畫說服，認同這計畫的書店之一。

喜歡島嶼的 Milly 能這樣在一間書店邂逅這樣的刊物是愉快的，如果是在大型書店，這樣的刊物勢必會被淹沒在強勢出版物中，無法看到。

書店不在大小，重要的還是要有貫徹意念的作法，在這書店可以放任潛意識找一本跟自己命運相連的書。

PS：「つくるビル」就在之前住宿過以藥局老建築改裝的大正浪漫風情 guest house「錺屋」的附近，同樣在五条通上，彼此相距約兩分鐘路程。錺屋也是很有風味的再生作品。

CHAPTER 5

鎌倉「古民家スタジオ・イシワタリ」

KYOTO & KAMAKURA

古き良き

the good old days

時代の進歩により今では得ることができなくなった、昔の時代の良いもの。

隨著時代的演進，現今已經無法擁有的昔日美好事物，諸如昔日的人情社會、節令習慣、生活形式等等。

那天從鎌倉車站一個人在清晨沿著三一一號道路，想隨性的一路散步到長谷，在通過由比ヶ浜走進往長谷的路段時，被一棟以低矮木圍籬圍繞、有著古松庭院、非常有風情的兩層木造古民家給吸引，從外面所貼的海報和宣傳文字來看應該不是一般私人民宅，於是好奇的探頭進去。

入口先是看見「アトリエ・ゑん」的布料、服飾工房，然後聽見人聲騷動，於是繼續有些冒失的侵入，看見一群人在一樓的榻榻米上拍著照，原以為或許是雜誌的拍照，後來判斷不是，因為幾乎每一個女子手上都拿著相機，看似是女性雜誌社以「女子カメラ」（女子攝影）為主題的交流課程。是私人的活動，再怎麼好奇也不能繼續白目的打擾，只是利用空檔問了一旁像是工作人員的人，可不可以參觀？對方說他們也是租借場地，不能決定。可是一大早除了這一群很愉快在老屋客廳活動的女子之外，在一樓鬼鬼祟祟的搜尋也看不見像是負責人模樣的人。

可是實在抵不過好奇，就小小繼續失禮的在不致於太過分的前提下，先不打擾一樓的活動，走上二樓去參觀。

一上了二樓就瞬間被面向馬路放了藤椅的簷廊給吸引，眼前的景致就像是一個表現昔日日本美好生活的海報一樣。

之後光著腳、坐在舒服陽光灑入的簷廊藤椅上，看著在入口拿到的利用資料，才知道這美好建築的「真相」。

古民家
スタジオ
イシワタリ

「古民家スタジオ・イシワタリ」（古民家工作房 ISHIWATARI），前身是實際使用長達八十四年的田嶋材木店。因為是木材行自己蓋出的建築，屋子的柱子、梁木格外的扎實堅固，因此得以這樣完好留存。光是留存可能還不這麼迷人，最讓人讚歎的是房子隔間的「欄間」、「窓枠」和「縁側」展現的和情緒房屋設計之美。

Milly 光是這樣身處在陽光和微風同時溫柔並存的簷廊，就忍不住會幻想如果能住在這樣的房子度過鎌倉豐饒的四季有多幸福。

據說除了修補外，幾乎沒有放入任何的改建裝潢。是一個完美的「昭和美好生活」的真實示範。開放這樣的租借空間，則是希望這「古き良き」樣式和東西，能在使用下得以延續保存。

除了包下場地辦講座、設置展覽或是舉行小型音樂會、茶道體驗等等之外，如果不是商業使用（就是拍出的照片必須是作品而不是商品），可以用三小時五萬日圓的費用租下這古民家來拍照，不少日本人會在這裡拍下風味的婚紗照或是典雅氣氛的和服體驗。

大部分的活動都要事先預約才能參與，看看網站以往的活動記錄，「喝酒配上羊奶起司」「越南廚房、越南咖啡」都好吸引人。

下回有機緣住宿鎌倉，或許可以先上網看看有什麼活動可以參與，讓自己度過一個不同的鎌倉休日或許是值得憧憬和期待的。

CHAPTER 6

長野新魅力

NAGANO OBUSE

6 CHAPTER

那一夜長野是美麗的

NAGANO OBUSE

二〇一三年二月十七日那天的長野行有些臨時起義，出發前知道當天是一年一度「長野灯明まつり」（長野燈明祭）的最後一夜，心想手上反正有張可以搭乘長野新幹線的東日本周遊券（那次還買了頭等座位的套票，興致就更高）！就決定不如衝去看看。

下午到達東京羽田機場，趕往飯店後，沒多停留再次回到東京車站直奔長野。

從長野車站搭乘巴士來到善光寺前時，陽光已經西斜發出暮色，參道兩旁的商店在殘冬冷空氣中放出柔和的燈光，緩坡上工作人員正在放置排列最後一晚的燈具參加作品，等待黑幕低垂時才一齊點上燈火。這個點燈的活動稱為「ゆめ灯り絵展」（夢之燈繪展）。

長野燈明祭是為了紀念長野冬季奧運，於二〇〇四年開始為祈求世界和平而舉行的活動，主旨「向世界放出和平的燈火」。Milly參與的只是最後一日的活動，實際上從二月九日至二月十七日間有很多精采的音樂會、新酒品評、夜市攤等等精采項目。

在黑夜點燈之前Milly就先進入善光寺本堂看看，在進入本堂之前已經在微弱的暮色中隱約看見一些建築屋頂還留著殘雪，「大勧進」前的池水也依然結著薄薄的一層冰，冰凍的池水倒映古意廟宇建築是非常迷離夢幻的風景。

後來走進本堂回頭一望，不但看見了三門上覆蓋著白色一面的積雪，更望見了遠方朦朧中的積雪山脈。其實當長野新幹線即將到達長野站和從參道入口踏入時，也都可以看見遠方山頭上積雪的美麗山色。可惜鏡頭無法記下那隱約中壯麗的長野山脈風景，只能留在記憶中偶然回味。

善光寺大勧進

夢之燈繪展

二月中天氣的確還是寒冷，從本堂出來本來想買個熱熱的長野名物「おやき」烤蕎麥餡餅，可是這時看見長野燈明祭的攤位中，有由「長野県酒造組合」設置的熱燗攤位，就立刻被吸引停下腳步，畢竟在這樣寒冷的夜晚喝一杯熱熱的酒是最舒服的。

一般來說熱燗多是以日本酒調製，但是長野縣是日酒藏第二多的地方，而且不但是日本酒，也很致力於紅白酒的生產。於是Milly就點了一杯熱呼呼的紅酒，以外帶杯邊走邊喝起來。熱紅酒溫暖了身體，剛好可以開始瀏覽石疊路上已經在黑夜中亮起的夢之燈。

以鏤空雕花、擬似剪紙圖案來展現創意和意念的燈具作品，大小是一致的，樣式也遵行傳統。這些作品將在評選後頒獎表揚，遊客就各憑喜好拍下自己喜歡的圖案燈具，Milly最喜歡的就是這兩隻貓咪俯瞰長野山林的作品。

各別的燈具可以細細品味，不過最美的還是那一整面延伸的燈具排列著如光河一樣流洩的畫面。從三門到仁王門間的石疊路和大本願寺旁的參道上排滿了參加活動的燈具，各大寺廟建築更是由照明藝術家石井幹子小姐設計，以「五色」為題打上了耀目燈光。

不過一向對於幽靜有些偏執的Milly，則更推薦不妨離開人潮，從仁王門出來後右轉進入「長養院」「良性院」等宿坊密集的西院通上，品賞著每一間宿坊在幽暗門前石板道上沿路點綴的內斂低調竹編地燈。

為了體驗長野燈明祭，Milly因此看見了善光寺在黃昏和夜色中的模樣，跟白天完全不同的風情。

PS：善光寺境內一共有約三十九間宿坊。所謂宿坊（しゅくぼう）就是佛教寺廟為僧侶和參拜者準備的住宿。

CHAPTER 6 NAGANO OBUSE｜洋風食堂「パスタと自然派ワイン　こまつや」

二月體驗了黑夜中長野善光寺前的美麗燈火盛宴，四月前往小布施時則是匆匆在夜晚於長野車站轉車，可是長野善光寺周邊的某些店只在白天精采，於是五月Milly再次來到善光寺，在晴朗的好天氣陽光下。

搭乘巴士在「善光寺大門」站下車，目的不是善光寺，而是從善光寺參道入口旁的馬路朝西之門町走去，找一間老屋洋風食堂「パスタと自然派ワイン　こまつや」（義大利麵與自然派紅白酒的小松屋）吃午餐。

こまつや是由一對夫婦經營，餐廳的原址是太太娘家從江戶時代傳承下來的「小松屋荒物雜貨店」，餐點是以農家直送的信州蔬菜料理的義大利麵，配上想法一貫的自然派紅白酒。只是帶著好興致前去，走到店門卻看見門前放著客滿的板子。

這時是放棄？當然不願意，打開餐廳門探頭看看，果然不大的空間座無虛席。

甘願放棄了？當然不樂意，因為即使不過是數秒鐘一瞥，這洋風食堂特色的開放廚房和廚房前用餐長型吧枱洋溢的幸福美食氛圍，都讓Milly堅定著非吃不可的企圖。

溫柔面容的女店主看出了Milly的渴望？於是走出廚房說現在客滿，或許三十分鐘後有空位，然後露出彷如電視料理節目美麗女廚師才會出現的清爽笑容說：會等妳喔！請一定再回來看看。

於是帶著好心情，先是繞去善光寺前的仲見世通和參道商店街探探路，用直覺感受一下哪裡有適合餐後喝杯咖啡的好地方。

三十分鐘後再次回到こまつや，才打開門女店主就以開朗神情對著Milly比了一個ＯＫ手勢，然後建議在吧枱座位坐下。

推薦菜單寫在黑板上，雖說未必是絕對的絕對，但是有些迷信，以為通常會將每日菜單寫在黑板上的餐廳，大多對自己的料理有信心和熱情。

一千日圓的本日義大利麵午餐套餐有沙拉、自家製麵包、義大利麵加上飲品，讓人大大喜悅的是飲料選擇紅白酒也不用補差額。

在餐前酒端上配著沙拉、麵包享用，等著海鮮義大利麵上桌時，也好奇的瀏覽著不大的餐廳空間。

真的不是很大的空間，占據最大空間的是光線充分、乾淨簡潔、有效收納餐具和料理道具的開放廚房。面對廚房的是桌面異常寬敞的吧枱，吧枱上很自然的堆放著料理書籍、雜誌、觀葉植物和推薦的紅白酒。吧枱大約是八個人的座位，一旁也不過才兩張桌位。分別是四人和兩人。店主希望能營造出一個如同在朋友家作客的用餐環境，不過Milly同時覺得在這用餐好像是置身在美味的料理教室內，可能是因為廚房跟吧枱幾乎是一樣高，

可以很清楚的看見店主的俐落廚藝。

微妙的是，除了微微的食物香氣幾乎感覺不到油煙，這點也要大大加分。

帶著香氣的海鮮義大利麵（真鯛と春野菜のクリームソース）上桌，一口吃下是無需質疑的好吃，義大利麵的硬度適當、白醬口味濃郁卻很清爽，而且可以吃到海鮮的鮮甜提味。

在長野善光寺以往想到麵食一定會選擇信州蕎麥麵，可是有了這樣的老屋再生歐風食堂，藉著美味的義大利麵更可以體驗日日更新的長野新魅力。

在等待午餐入座的三十分鐘空檔，遊晃了店家密集而且各有特色、質感也都不錯的善光寺參道商店街，其中推薦的是在時代演進中依然活躍的老鋪「八幡屋礒五郎」，還有逛了之後好想成為長野居民的食料酒鋪「St. Courair Winery」，兩間店鋪吸引 Milly 的都是「視覺＋美味＋講究」的完美比例。

6 | 八幡屋礒五郎

七味唐辛子是日本餐廳桌上放置的，最具日本風貌的調味魔術師。

七味唐辛子各地有不同的調味組合，「八幡屋礒五郎」的配方是麻種、番椒、紫蘇、白薑、陳皮、胡麻、山椒。

據說辣椒的種子被帶入日本可以回溯到豐臣秀吉時代，也有一說更早就由葡萄牙的宣教士攜入。日本人開始普及使用七味唐辛子作為調味，則大約是十七世紀的江戶初期。

「八幡屋礒五郎」的創業要從創業者勘右衛門在一七三六年於善光寺的正門販賣七味辣椒粉開始說起，大門町的店鋪是於一九五二年開業，現在亮麗時尚外觀的店面是二〇〇八年全面裝修後的模樣。能將辣椒粉賣得這樣摩登，幕後的企劃力讓人佩服。

尤其是那有著歷史卻依然想買來收藏的「金、銀、青、赤」閃耀辣椒罐，更是精采中的精采設計，不過近日流行復古風潮，除了鋁罐也可以選擇用紙袋包裝色澤漂亮的商品。

店內除了七味辣椒粉和獨創調配的辣椒糖粉、柚子七味等調味料、色澤鮮豔的七味馬卡龍外，還有獨創帆布包、手機吊飾、圍裙等商標造型小物，最厲害的是居然還有「BE@RBRICK（暴力熊）＋七味唐からし」的企劃周邊商品和護手霜。

CHAPTER 6 | 食材小舖「St. Courair」

相對於八幡屋礒五郎的和風印象，一旁的 St. Courair Winery 就是對照的歐美食材小舖風情。別看店名完全是英文，St. Courair（聖久世、サンクゼール）的創業者可是東京出身的久世良三，原本是上班族，因為熱愛滑雪在長野縣斑尾高原開了讓滑雪客住宿的民宿。浪漫的是在民宿開業的第二天就認識了未來的妻子久世まゆみ，兩人之後一起經營民宿卻以失敗告終，但沒想到當時供應的早餐果醬卻大受歡迎。靠著久世太太從飯山市農家拿來的水果做出的健康低糖果醬，開始了 St. Courair 龐大的食品集團，甚至還推出自有品牌的葡萄酒，但是依然堅持「只販售對身體健康的食品」的原則。

堆滿了各類加工食品的店內，占了最大空間的還是主要賣點北信州產葡萄酒和果醬。看了來自長野自家工場讓人眼花撩亂的果醬而猶豫不決時，可以花些時間慢慢試吃。店內還有義大利麵、料理義大麵的多種醬料和讓吃麵包可以更幸福的各種口味抹醬。

說真的為了怕造成行李負擔，Milly 也沒有非買不可的強烈欲望，可是光待在這樣的空間內，被「散發著好吃好吃」的商品包圍，已經有著莫名的幸福感。

最後決定買了一瓶光是看外觀就以為必定好喝的 St. Courair 桃子果汁。

是嘍！Milly 一向是外貌協會的成員，不但喜歡看帥哥美女、喜歡吃美麗的食物、品味裝潢的用餐空間，也愛讓人愛不釋手的美味包裝設計。

常常會自嘲自己根本是「吃喝包裝」嘛，但是就是戒不掉這樣的美感偏執勢利眼（笑）。

6 | 藝廊咖啡館「夏至」

在「こまつや」用過稍晚的午餐後，小歐的下午茶選在「夏至」。

店名很美的咖啡屋，光是為了這店名都想逗留一下。

不過嚴格來說，夏至不是咖啡屋，至少已經不是，而是展示生活用品、工藝手作小物、小器的藝廊。店內附設了小小的咖啡屋空間，真的很小，小到一般人或許根本不知道店內存在咖啡屋空間。

「夏至」位在善光寺外表參道大門町老屋建築的二樓。因為通往二樓的木階梯只有窄小入口，又沒有顯著的招牌，因此好幾次路過都沒能察覺。

店主因為喜歡有廟會、煙火、撈金魚的夏天，於是將店名取為「夏至」。可是明明是喜歡夏天熱鬧氣氛的女主人，卻將店內布置得淡雅幽靜，跟樓下的喧囂如同兩個世界。

保留了古民家建築的天井梁木和原有部分牆面，以白色的牆壁和黑褐色的地板顯現對照之美。店內放置著品味的生活道具、衣物

飾品和作家陶器，似乎沒有明顯的商品種類範圍，只要是以為可以讓生活愉快的「用之美」器具都可以放置。

只是Milly登上二樓來不是為了買個可以讓日常生活添上質感的小物，而是想來喝杯咖啡配上好吃的布丁。可惜詢問了店主，目前只提供咖啡，已經沒有甜品供應。的確是有些失望，畢竟一直很期待那在網路上風評很好的手工布丁，而且如果沒記錯的話，原本夏至提供的還是中國茶而不是咖啡。

幸好在夏至的時光還是非常愉快的。

認真研磨的手沖咖啡非常香醇順口，靠窗的咖啡座即使有些狹小，卻能讓微風吹拂臉頰，還可以俯瞰步道上來往的行人和盛開的蘋果花。而且這樣被一件件高品味美好的生活道具給包圍著，更是沉浸在讓人可以暫且忘卻現實的飄然。

CHAPTER 6

築夢最美在小布施「桝一市村酒造場」

NAGANO OBUSE

6 | 收藏桝一市村酒造場的故事

不是因為絕對豪華或有什麼米其林推薦，可是當知道「桝一客殿」的存在，就希望有一日能成為它豐富故事中的一小粒碎片。

是一個非常有故事的住宿地方，起源本來就是一個有著悠長故事的老鋪酒造場，但是因為一個金髮女子的介入、因為一瓶閃耀著金屬光澤經過半世紀再次復活稱為「白金」的酒，這故事起了戲劇系的變化，同時可以期待的是這故事似乎可以持續下去而且愈來愈精采。

位在長野小布施的「桝一市村酒造場」創業於一七五五年，目前是由第十七代家主掌理事業。原本市村家代代是以「造酒」「醬油」和「味噌」為主要事業。後來順應時代，在江戶時代也開始製造和販售小布施名產栗子點心，以「小布施堂」為店號成為小布施栗子點心的御三家之一（知名度、地位和銷量排在前三位），因為栗菓子事業一片看好，甚至放棄了原來的醬油和味噌製造家業，製酒則是為了維繫傳統枝幹而維持小規模的製造，同時年年虧損。

要不是一個叫做 Sarah Marie Cummings（莎拉）的美國女子，市村家可能就會以栗菓子為基業穩定經營。

Sarah 熱愛東方文化，也投入東西的交流，因為長野冬季奧運來到長野工作。第二年（一九九四年）就自我推薦加入了「小布施堂」事業體，同時成為日本第一個歐美人的「利酒師」（日本酒評師）。

一九九六年市村社長提出「株式会社桝一市村酒造場の再構築」，計畫將「酒藏」（製酒倉庫）改裝成大眾餐廳，以平衡製酒事業的虧損。這時跳出來大大反對的正是Sarah，她跟社長提出：「給我兩個星期，提出一個更有概念的企劃案！」

兩星期後提出的企劃案居然是，邀請規劃「PARK HYATT 東京」室內空間的名設計師John Morford，將酒藏規劃為一個稱為「藏部」的高質感用餐空間。

一家鄉下地方的餐廳？要動用大都會頂級飯店的國際設計師？

這樣經費一定會大幅增加，社長一開始當然反對。可是在平價餐廳動工的前五天，社長被Sarah說服了，一九九八年十二月「藏部」開張，隔年同樣由John Morford改裝桝一市村酒造場本鋪。

二〇〇七年旅宿「桝一客殿」開業，旅館腹地上除了寄り付き料理餐廳「藏部」、可以吃到茶懷石的「小布施堂本店」外，還有酒吧「鬼場」、義大利餐廳「傘風楼」，以

及位在「桝一市村酒造場本店」內可以試飲各式銘酒的和風酒吧「手盃」。

如果只是以上提到的精采營業企劃，可能讚歎的點就會停在老鋪酒場再生成功上，可是這近三百年老鋪的轉身故事真正讓人佩服的是，社長願意惜才並接納 Sarah 的建議，不但帶入西方的設計觀念，同時也再次將熱情放入傳統的製酒上，讓傳統的製酒技術跟現代的時尚感性結合，得以獲得新的能量，並傳承到下一個世代。

首先是為了擁有跟「藏部」同樣讓人印象深刻的好酒，Sarah 藉著大杜氏（日本傳統的造酒師）遠山隆吉的力量，再次專注於製作大吟釀，喚醒老鋪引以為傲的「職人魂」，這革命的第一純米酒是以印上「口一」圖形的白色陶瓶裝盛，取名為「スクウェア・ワン」（Square One）。瓶裝設計是完全顛覆印象的時尚，背後的意義則是找回桝一原點。

之後更精采的作品是，由日本設計大師原研哉設計金屬感酒瓶的「白金」（HAKKIN）。

白金原本是桝一名揚一時的代表酒，可是已經停產五十多年。Sarah 試圖讓「白金」復活，不但要找回木桶釀酒的技術，還要找到已經幾乎停止栽種的長野夢幻稻米「金紋錦」。憑著堅持一步步的終於在停產五十年後的二〇〇〇年十月，讓「白金」以傳統的滋味嶄新的姿態復活。

因著這個契機，Sarah 與桝一成立了「桶仕込み保存会」，試圖將最珍貴的製酒傳統保存下來。對於這一連串的創新改革，市村社長除了支持也給予肯定，畢竟「桝一市村酒造場」本來就是一個惜才的家族企業。桝一的第五代家主正是將江戶時代最具代表性的浮世繪大師葛飾北齋引入小布施的關鍵人物，目前小布施也有葛飾北齋的美術館，吸引日本和海外的人士前來朝聖。一家老鋪酒藏的革新，讓原本以栗子、山色為賣點的小布施有了不同的魅力。桝一酒廠更以「小布施町並修景計画」為藍圖，讓桝一酒廠周邊區域也有了活力，在保存昔日美好的同時也呈現出理想的生活風貌。

Milly 先是從文字和圖片認識這一切，被吸引的實際前去住宿體驗。兩天一夜的時間不長，或許只是片段的不完全接觸，但是已經可以充分體驗那在理想、堅持和夢想下擁有的美好。

職人（しょくにん）

熟練した技術によって手作業でものづくりを行うことを生業とする人のことで ある。

以純熟手工技術做出物件維生的人。

職人気質

職人に特有の気質。自分の技能を信じて誇り とし、 納得できるまで念入りに仕事をする実直な性質。

職人特有的氣質。對自己的技能引以為傲且執著，擁有在做出滿意的工作之前持續努力的信念。

搭乘新幹線到達ＪＲ長野後，轉乘長野電鐵來到小布施。

預約住宿的是「桝一客殿」相對經濟四十五平方公尺的雙人房型（リラックス型ダブル），一個人住宿含早餐是三萬一千五百日圓。

論裝潢，更想住宿的是七十平方公尺的書齋房型，可是房價多了幾乎一萬日圓，就還是冷靜的放棄。Milly前去時已經是黑夜，就請工作人員帶著一路參觀設施進入房間後，由工作人員將迎客的茶水點心放置在很有風味的圖書室中，這樣就可以在桝一客殿內第一印象最喜歡的圖書室內放鬆心情，同時翻閱一下豐富的包含葛飾北齋畫冊的藏書。

二十四小時隨時可以利用的密閉式圖書室是以「文庫蔵」改裝，不過因為是酒場企劃的旅店，書架上放了滿滿的白色陶瓶「スクウェア・ワン」純米酒。

PS：蔵（くら、ぞう），泛指倉庫。土藏是土壁的倉庫，酒藏就是造酒用的建物。

二〇〇七年開始營業的桝一客殿以「我家的客房」為主題規劃，外觀是絕對的和風，內裝則同樣交給John Morford，展現出現代感的低調時尚奢華風。最誇張的怎麼說都是那像是水族箱的透明大浴缸，另外可以放行李的穿衣間也很有架勢。

整體的採光有些昏暗，用精選的咖啡道具沖杯咖啡躺在大床邊的沙發上，可以充分享受在時空抽離的非日常中。

還以為這以黑色屋頂、梁木配上白牆的建築是全新興建或是酒廠原本的老屋改造，後來看資料才知道這整個桝一客殿居然是將長野砂糖批發商老鋪的三棟土藏移過來，再以這三棟土藏為中心蓋出七棟木造房屋，可預約的不同房型房間數是十二間。

在圖書室翻閱畫冊，吃了小布施堂四月限定「包了栗子餡的櫻花麻糬」，回到房間將水族箱（哈哈～浴缸啦！）放滿一池水泡澡後，一身舒爽穿過桝一客殿大廳出去，到對面以酒藏改造的寄り付き料理「藏部」小酌

用晚餐。「藏部」的假名是「くらぶ」、發音更是日文外來語的「クラブ」（CLUB），很精采的命名。當然說到精采，「藏部」本身的空間就是絕對的精采，坐在櫃枱用餐可以看見挑高天井下以氣勢的大灶為中心，充滿著韻律的開放和風廚房。

在黑色沉穩空間中如廚藝舞台的廚房內，綁上頭帶穿著深藍短衫職人服、腳踏足袋穿上夾腳拖的料理人，在煙霧中烤著魚肉，以華麗的手法切著生魚片，打著蛋現做日式蛋捲，打開熱氣蒸籠拿出野菜料理，用大灶上的土鍋煮出好吃的白米飯。

PS：以日文說明藏部內工作人員的妝束更傳神：「法被に捻り鉢巻き、白い前掛け、足袋に雪駄という出で立ち！」

料理是以寄り付き料理為基礎。寄り付き料理原來是指釀酒師在冬季釀酒期間，有將近三個月必須住在酒場不能回家，這時酒場給釀酒師的料理就是所謂的寄り付き料理。

藏部

因為是市村家提供給師傅的餐食，菜色上也就是市村家的家庭拿手料理，基本上是外觀樸實但是食材扎實的美味料理，吃得到蔬菜肉類的「底味」。Milly當天沒點套餐，而是點了一千一百五十日圓一合的憧憬閃耀金屬瓶「白金」純米酒，配上溫野菜、炭烤土雞和日式蛋卷晚酌。

料理是好吃的，加上了酒藏改裝的氣氛用餐空間、開放廚房充滿節奏的料理動作和美味有著精采故事在五十年後復活的醇酒「白金」助興，就要說是非常非常滿足又好吃的晚餐了。

晚餐後趁著酒興，Milly又去一旁義大利餐廳二樓的酒吧「鬼場」喝酒。

第一杯是旅館招待的免費歡迎酒，跟光頭看起來有些殺氣的吧枱手點了杯琴酒配上東尼水。實際上聊聊天很快就會感覺到光頭哥是很友善的，還從他那裡聽到了些金髮Sarah的小故事。住宿當時剛好是連休和櫻花季節之間的大淡季，偌大又氣氛十足的「鬼場」當天晚上是由Milly包場。至於為什麼取了個這麼邪氣的名稱「鬼場」？原來是裝潢中用了當地的土壤做出的「鬼瓦」，一般的鬼瓦都做成鬼面的模樣，放在房屋的屋簷前端，有除厄的作用。

兩巡的晚酌，情緒和身體都已經是飄飄然，回到房間很快就陷入睡眠中。

第二天照舊一大早醒來，先是在薄霧晨光中隨性的探訪昨晚未能掌握的各大建築方位和外觀。從聳立著大樹的桝一客殿廣場走到安靜的馬路上，看見的是顯示老鋪酒場風範的並排「正門」「小布施堂本店」和「桝一市村酒造場本店」。

接著隨性漫步瀏覽周邊街道小巷早開的櫻花、姿態古意的梅花和不知名開滿淡黃花朵大樹襯托下的老房子。真是一個好乾淨又有古雅情趣的市鎮，看來市村社長的「小布施町並修景計画」是在順利推動中的。

小布施町

然後穿越清涼幽靜的栗子小徑（栗の小径），通過當日公休無緣體驗的咖啡屋和高井鴻山紀念館（招攬葛飾北齋來到小布施的桝一市村酒造第十二代當主）。

走出栗子小徑，先是看見「傘風舍」，一旁是「傘風樓」，兩棟建築間的大樹下有著撐上遮陽傘的戶外露台「傘風楼テラス」。露台座旁是前晚用餐的「藏部」，斜對角則是海外也大有名氣的葛飾北齋美術館「北斎館」。

早餐是在義大利餐廳傘風樓享用，本來以為既然是義大利餐廳，早餐不就是土司、優格、水果、煎蛋？說實話沒有很期待。可是說大意外有些誇張也不一定，但真的是讓人大滿意的早餐，甚至說是近年來吃過最好吃的住宿旅店西式早餐也不為過。

桌位選在窗邊可以讓依然溫柔的自然光透入，白色的餐桌布很完美的輝映出墨綠色的水瓶、墨綠的現榨蔬果汁、濃郁的小布施牛乳和系列純白餐具。

栗子小徑

偏執於顏色美學的 Milly 對於桌上的純白＋墨綠＋透明玻璃的畫面，自己一人暗自讚歎感動著。接著是一連串的「自家製」上桌，自家製優格、自家製火腿、自家製果醬、自家製麵包。

尤其是那自家烘焙熱呼呼又鬆軟的麵包，更是好好吃！好好吃！

忍不住跟服務生表達讚美，可愛的女服務生說：「好吃可以再吃喔。」於是又吃了一份好吃到至今難忘的麵包。配上熱呼呼、滿滿各式蔬菜的蔬菜湯更是整個幸福。

選了撒上起司粉的義大利烘蛋（Frittata），配上沙拉和自家製培根，又是美味的一道料理。以這樣幸福又美味的早餐作為住宿的句點真是完美。

喝著早餐咖啡，回味著這短暫卻是濃縮著讚歎的兩天一夜。對於老屋改造、老建築再生完全迷戀的 Milly，以住宿桝一客殿為契機得以分享了他們以理念築夢的故事，也充分滿足在這極致再生空間的美好時光。

NAGANO OBUSE

6 | 長野的櫻花、梅花一齊綻放

在桝一客殿關連餐廳「傘風楼」享用了美好的早餐後，在一旁販售「栗菓子」和栗子冰淇淋的櫃枱，買了綿密濃郁栗子口味的布丁，準備在前往「清春白樺美術館」的電車路途上作為小點心。

前一天是黑夜中來到長野電鐵小布施站，完全無法掌握車站的模樣，站前也沒有停靠的計程車，於是在陌生的夜色中依著地圖，摸黑走到即將關店休息的「栗菓子の小布施堂」，請一旁裡側的桝一客殿工作人員來引領前去旅館。

第二天上午從桝一客殿離開時，就請櫃枱叫計程車前往車站，雖說走路到小布施站大約也是十五分鐘內。

下了計程車抬頭看去藍天下的小布施站，在綻放美麗姿態的紅梅襯托下真是好吸引人。這一年的小布施櫻花有些遲了腳步，於是很特別的可以在小布施短暫的滞留中看見幾株早開的年輕垂櫻、紅梅、白梅和木蓮花等，在同一季節內爭奇鬥艷的風景。

站前的風景已經充分美麗，進入車站走上月台，從月台眺望在透明清澈大好藍天下遠方綿延的積雪山脈，更是雄大壯麗的幾乎不想搭乘即將到來的電車離開。

從小布施站月台看見的是飯綱山、戶隱山、黒姬山、斑尾山、妙高山的北信五岳，搭乘電車往長野車站前去的車窗上，也可以一路隱約看見。透過電車車窗還可以看見蘋果田園，好想在蘋果花滿開的季節再來、好想在蘋果長滿果實的季節再來、好想在栗子豐收的時候再來、好想在櫻花盛開的時後再來、好想在大雪覆蓋了山脈的時候再來……再遊小布施的想法勢必會一直鑲在憧憬中意念中，誰叫這地方一整年中都是如此魅力。

在這樣春遊日和的早晨，望著電車外的美景，留戀著小布施的美好和期待與美麗櫻花相擁的「清春白樺美術館」見面的心情交錯著。

CHAPTER 6 | 清春白樺美術館

從小布施前往清春白樺美術館要先回到長野車站，之後轉車前往小淵沢站後搭乘町營市民巴士（北杜市民バス小淵沢・長坂線）前往。如果是從搭乘計程車前往，車程約是十分鐘。巴士班次不多，跟列車到達時間也無法順利銜接，因此決定去程搭計程車，回程才搭接駁巴士。既然是搭計程車，就利用小技巧到小淵沢的下一站長坂站搭乘，從長坂站到美術館估計時間是五分鐘，車費會省去一些。

這個小計較也讓 Milly 多看了一處美麗的櫻花滿開，外觀不是太起眼的 JR 長坂站周邊櫻花滿開，從一旁長坂圖書館純白建築看去的櫻花尤其美麗。長野、山梨縣山野上有非常多美麗的大櫻據點，只是都在大眾交通不是那麼容易前去的地方，除非是自己開車，否則很不容易實現那所謂「王仁塚の桜、山高神代桜、神田の大糸桜等的桜巡り」（大櫻巡禮）。

不過前去「清春白樺美術館」賞櫻，則是

不論交通有多麼不順暢還是一定會前往。因為這一個賞櫻地點不但可以看見以壯麗山岳為背景的櫻花，還附加上「建築」「美術館」「禮拜堂」「安藤忠雄」「藤森照信」「蕎麥達人」和「富士山」等愉悅主題，俗氣來說，根本是一個「物超所值」「精采大奉送」的旅途。

回想起看見被櫻花環繞、位在清春白樺美術館正中央草地上的「アトリエ・ラ・リューシュ」（蜂之巢工房）建築照片時，瞬間已被那脫離現實的極致美景給懾服（秒殺？），腦海中出現的根本不是該不該去這個地方的疑問，而是怎麼去和如何在櫻花盛開時前去的問題。

正因為如此，當從計程車下來，看見眼前被豐饒盛開櫻花環繞、比想像中更寬闊的清春白樺美術館時，心情就只能以日文的「感無量」來形容，同時也感謝上帝給了這美好一日一片無邊藍天。

以壯麗甲斐駒ヶ岳和八ヶ岳山脈為背景的

清春藝術村

光之教堂

蜂之巢工房

廣大腹地上，坐落著以清春白樺美術館為主的不同藝術設施和戶外雕塑，因此總稱為清春藝術村。

原址是清春小學的校跡，藝術村內看見的三十多株高大茂密的櫻花，就是一九二五年建校時由學生種下而留存下來的美麗回憶。

可是現在已經看不見任何學校的殘影，畫商吉井長三購下這塊土地，於一九八三年規劃了這座清春藝術村。

通過銅鏽的雕花大門，買了美術館和安藤忠雄光之美術館的一千日圓共通券，先不去細看不同的藝術設施，只是盡情拍下不同角度和光線下蜂之巢工房與櫻花的構圖風景。

原本還一度誤會蜂之巢工房正是清春白樺美術館，後來才知道這藝術村中最具代表性、造型也最特殊的建築，原來是有料的藝術工作室，也就是分租給藝術家的設施。

建築的「原型」原來是為一九〇〇年在巴黎舉行的萬國博覽會而建，由法國結構工程師 Alexandre Gustave Eiffel 設計，之後經過整修成為藝術家的工作室。清春藝術村內的蜂之巢工房正是將巴黎的蜂之巢建築完整重現，功能上也同樣是藝術家的分租工房，也因此只能在外面參觀，不能入內。

清春藝術村內第二個受到注目的主角是由安藤忠雄設計，為紀念藝術村三十週年於二〇一一年五月開館，號稱日本最小美術館的「光之美術館」（光の美術館，CLAVÉ GALERIE）。建築自然還是可以看見安藤忠雄特有的清水混凝土、幾何結構。稱為光之美術館，精采的光線引入理所當然也是品賞這建築的重點。建築是大師安藤忠雄的作品，美術館內常設展示的，則是西班牙現代美術代表畫家 Antoni Clavé 的畫作。

接著要去觀看卻不能入內的是建築家藤森照信設計的茶室「徹」。不能入內，一方面是茶室真的是好小，另一方面則是因為茶室凌空放置在四公尺高的位置上，有如只會在非現實繪本中出現的模樣。面積一・七坪的茶室，屋頂是銅製的，牆壁則是運用了傳統

茶室「徹」

工法的「漆喰」技術，神奇的是頂起茶屋的木柱子還是真正的檜木，取自學校內八十年樹齡的老樹。別以為這不過是茶室樣式的建築模型，茶室是真的可以使用，裡面還放有信樂燒的爐台，但只在特別的日子開放。不過別說平日這茶室不對外開放，基本上沒有梯子也爬不上去。

除了以上三大重點（Milly 以自己偏好選出）外，藝術村內還有紀念二十世紀宗教畫家 Georges Rouault 的天主教堂「ルオー礼拝堂」和「清春白樺美術館」，兩個建築都是由建築師谷口吉生設計。氣氛莊嚴有著天光灑入的禮拜堂不在主日定期禮拜，只提供給遊客敬拜、參觀，更大的作用是讓藝術家在心靈匱乏、脆弱時，可以在此教堂冥想、沉思。

此外如果時間充分，「白樺図書館」「梅原龍三郎記念室」和諸多的戶外雕塑也都可以瀏覽。只是那天是完美的賞櫻好日，與其走在室內的美術館和圖書館內，Milly 更渴望置身在藍天之下的草地上，看著遠方的山、眼前的櫻花和草地上美麗的建築。

之後更在藝術村附設的咖啡屋享用咖啡和點心，翻閱著關於美術館的雜誌，不時將目光飄散到那怎麼看都不會膩的櫻花風景。

・・・

桜日和（さくらびより）

適宜賞櫻的好天氣，不妨就說這天是「桜日和」。日本人很喜歡讓天氣跟美好的事情連結，像是散步日和、小春日和、行楽日和。日和（ひより）是指天氣和天空的模樣，也可以引申為「なにかをするのに、ちょうどよい天気」，做什麼事情都剛剛好的天氣。

館清春白樺美術館

ルオー礼拝堂

美術館内珈琲館

6 | 超級蕎麥達人的蕎麥麵「翁」

在美術館前轉搭市民小巴返回小淵沢站前，走到路程約十分鐘左右的蕎麥店「翁」，填填肚子。不過要說吃這位在森林僻地中質感外觀蕎麥麵店的蕎麥麵，居然只是為了吃飽，很多日本蕎麥麵食通一定會認為太小看這家麵店。

這可是很多人會從遠地特別開車專程前來一吃、由蕎麥麵達人（蕎麥麵名人）高橋邦弘先生開設的麵店。

據說高橋邦弘先生門下的弟子多達千人以上，而這間「翁」是他開始自己種蕎麥、擁有自家製蕎麥粉後，首次開設的麵店。

只要以「高橋邦弘」在日本 YAHOO 搜尋就可以知道他在蕎麥麵界不可動搖的地位，現在高橋邦弘先生更是為了追求更好的「玄蕎麥」（未去殼的蕎麥）奔走日本全國，深信好吃的蕎麥麵最基本的原點還是極致的蕎麥。

被蕎麥愛好者稱為蕎麥麵仙人所開的店，即使位於偏僻又交通不便的地點，即使是非假日的平日時間，Milly要進去用餐還是等了十多分鐘。

麵店內裝簡約乾淨，窗外看去風景是清幽林木，還可以聽見野鳥的叫聲。

菜單非常簡單，就是熱的蕎麥麵和冷的蕎麥麵，蕎麥冷麵也只有「ざる」和「田舎」兩種選擇。天氣好於是選擇吃冷麵，點了熟悉的「ざる」（笳籬蕎麥麵），以為……嗯！有咬勁，吃得出隱約的蕎麥香氣。口感是喜歡的，至於為什麼是達人的美味，說實在畢竟對蕎麥的深奧世界認識不多，不能浮現額外的形容詞。

有一說這裡的蕎麥麵帶著些許綠色，正顯現了磨去蕎麥外殼的功夫。

PS：田舍蕎麥麵據說麵條會較寬，更有口感。

從「翁」踱步回到美術館前，在等小巴的時候櫻花還不斷不斷的迎著風吹了過來。

而且更幸福的是，從巴士站牌過去一些的位置，Milly還看見了遠方的遠方隱約浮現的富士山呢。

「長野的新魅力」是一個進行式，還有好多好多扎根在長野，以故事來完成理想的一些人和一些店，等著旅人去探訪、等著旅人去收集故事，然後放入自己的故事中。

CHAPTER 7

純樂趣的九州度假時光

VOCATION IN KYUSHU

主流？

不主流？

近日常想自己是不是太不主流？在不知不覺中偏離了大路，走在安靜的山林小路上。

看不下《半澤直樹》，完全不想碰觸《蘭陵王》《甄嬛傳》，主流的大仁哥沒參與，沒看過一本《哈利波特》，《魔戒》也沒翻過！沒吃過三媽臭臭鍋、貴族世家、薑母鴨。

有時難免還是會自問起來，這樣會不會太孤僻。當然最後還是會說～まぁ～いいや！隨便嘍！

重要的是知道自己喜歡什麼，然後以自己的好心情去滋養就好。

旅行的態度也是這樣就好，重要的是在跟自己一次次的對話後，知道自己為什麼事情而喜悅，然後好好的珍惜滋養，這樣就好。

然後，這樣宣告或許沒什麼了不起的意義，但真想站在東京鐵塔前大聲宣告：**「比起現在意氣風發的『晴空塔』，我更愛你喔！東京鐵塔。」**

CHAPTER 7 阿蘇大櫻之旅

VOCATION IN KYUSHU

這次再遊阿蘇是因一直想去拜訪的「一心行の大桜」而延伸出的旅行，原本只是大櫻＋列車的旅行，之後更升等為大櫻＋列車＋憧憬旅宿＋重遊宮地的什麼都想要的旅行，但是在計畫時一直卡在大眾交通工具的連結和可以說服自己的預算。

說是計畫，實際上卻有幾種版本。

計畫一：不管那想體驗搭乘的「特急あそぼーい！101号」列車，改用非常划算直行往返的巴士套票，前往最靠近一心行の大櫻的南阿蘇村，然後繼續接上無料觀光巴士前往大櫻的所在地。

計畫二：搭乘 JR 到達立野再換搭南阿蘇鉄道到中松駅，去搭乘接駁巴士拜訪大櫻，可是這樣就沒有充分時間再去一次「宮地」。

大櫻＋列車＋憧憬旅宿＋重遊宮地，每一個都不想放棄，滯留的時間卻又有限，於是最後盤算出來的是，計畫三：提高預算，利用計程車進行小奢華阿蘇漫遊。

首先搭乘憧憬列車「特急あそぼーい！」到達宮地滿足鉄子（熱愛列車搭乘的女子）的渴望。之後前往宮地消費上回未能體驗的「Tian Tien」，度過了期待的悠閒咖啡時光。

接著搭乘事先商談預約的計程車前往「一心行の大桜」，然後在前往當晚住宿的地方之前繞路

去森林邊上的咖啡屋「のほほんカフェ ボワ・ジョリ－cafe Bois Joli」喝喝下午茶，最後於暮色中翻山越嶺來到幾乎是與世隔絕的國家公園內秘境度假旅店「界阿蘇」。這樣以一萬六千日圓的四小時包車，便可以連結所有的期望路線。

Milly 基本上不會太浪費、敗家，但是有時當「什麼都想要」「就是不能放棄」的欲望在旅途上出現時，就會這樣突然拚了的計畫。

依照計畫三前進阿蘇，「特急あそぼーい！101号」十點廿六分從熊本出發，到達宮地預計是十二點。

Milly 搭乘深夜巴士到達福岡是上午八點四十，略微歇息後在車站內買了早餐，先是搭乘新幹線到達熊本，再連接上特急あそぼーい！的發車時間，這一段的座位都在關西機場換 JR PASS 十四天周遊券時同步預約完成。

在新幹線上邊吃早餐，還可以利用那一個多小時翻閱在車站拿到的最新九州旅遊宣傳資料。如果不是太龐大的鐵道旅遊計畫，現在日本大部分的大型車站內都會有區域性的時刻表可以免費索取（多是放在票口自由取用），跟歐洲鐵道的作法類似。

・・・・・
ゆるキャラ
是指象徵性的幫忙促銷角色，也有人稱之為卡通代言人。
近日在日本大大風行的ゆるキャラ，多數是翻譯為「吉祥物」，但是 Milly 想稱之為「療癒系吉祥物」。

到達熊本後，當然要先跟熊本的超級代言人暨觀光大使「くまモン」（KUMAMON）打個招呼。

くまモン的中文愛稱是「酷MA萌」，好貼切的翻譯。

這隻可愛的黑熊異常人氣，出了驗票口進入美食街就看見撲天蓋地而來的くまモン。

くまモン造型娃娃、麵包、點心無所不在，甚至一進到九州就一直受到くまモン的熱烈招待，很容易就發現他可愛的身影。

くまモン是日本最會幫主人賺錢的動物吧？據說他帶來的經濟效益在三百億日圓以上，不不～不能說他是動物，該說是吉祥物、偶像，他可是有自己的官方網站、粉絲網頁，偷偷說Milly也有加入他的粉絲團FB。查看資料才知道原來くまモン誕生的背後功臣居然有小山薰堂（九州熊本天草市出生），小山薰堂對Milly來說更是偶像般的存在，他也是電影《送行者》的編劇。

要說這可愛的男生くまモン必須花費很多頁數（笑），只能說由人創造出來的造型物可以這樣發揚光大真是少見的經濟奇蹟，或許くまモン來選熊本市長都會當選吧。

不過受到くまモン大成功的激勵，本來就很喜歡以造型吉祥物代言的日本各大縣市、觀光地就更加相信要宣傳就一定要創造出受人歡迎的吉祥物，更精準來說是想創造出受歡迎又創造話題的「ゆるキャラ」。不過以為像是くまモン這樣的影響力，該是特例中的大特例，甚至可能已經是可以跟Kitty、米老鼠平起平坐的偶像級玩偶人物。

或許就是因為くまモン實在太受歡迎，於是「特急あそぼーい！」才用了黑狗圖案當作形象標誌？

「特急あそぼーい！」的あそぼーい是「來玩啦，陪我玩啦！」的意思。本來就有些孩子氣，加上黑狗圖案就更加可愛了，原來初期企劃就是以吸引小孩子為目標，讓小孩在搭乘時如同置身在大型的移動玩具箱中。

黑白為主的車身是以已經引退的「DXゆふ」改造，每節車廂都有不同的設計，第三車廂內更是設有世界首創的「白いくろちゃんシート」親子座位，靠窗的好位置一定留給小孩是非常貼心又充滿玩心的設計。第三車廂內還有圖書室、遊戲區等設計，小朋友搭乘這車廂一定會覺得一個半小時車程太短。

ママ鉄

日本近日多了些鐵道媽媽「ママ鉄」，是指熱衷於陪小孩一起乘坐列車的媽媽。

喜歡搭乘鐵道列車的小孩子稱為「子鉄」，喜歡鐵道搭乘的女子是「鉄子」，跟著喜歡

鐵道的孩子一起旅行、買鐵道相關的東西給小孩的媽媽才稱為「ママ鉄」。

只是即使是這麼孩子氣的列車，一樣會吸引鐵道迷注意，更何況「特急あそぼーい！」行駛的路線跟原本的あそ 1962 相同，都是熊本至宮地，因此沿線的阿蘇山風景同樣都很吸引人。受不了太孩子氣的車廂，大人風格的普通車廂還是存在的，四號車廂就設置有大人風格的「ラウンジ」（Lounge）。

只是雖說當列車駛入月台 Milly 的確也跟著大家一起興奮的東拍西拍，可是說真話還是喜歡原有的レトロ観光列車あそ 1962 多一些，很遺憾再也看不見那繪製了典雅圖案的車身。

特急あそぼーい！車廂內外隨處可見的可愛黑狗，小名是くろちゃん，本名あそくろえもん，是黑川附近出生的黑狗，年齡是兩歲。

不過 Milly 有些壞心眼？不是啦！只是剛好在熊本車站買了くまモン的布丁，於是就在黑狗面前吃起黑熊的可愛布丁。

CHAPTER 7 ｜ 特急A列車で行こう

可能是送走了大人風格的あそ 1962，換上了小孩子樂園般的特急あそぼーい JR 九州有些小小的內疚，於是同時也推出了大人風格的特急「A列車で行こう」。

行駛於熊至三角（三角港）之間的A列車で行こう，是為了顯現古老美好過去而設計的大人列車。一號車內有稱為「A-TRAIN BAR」的吧枱，可以在此買杯威士忌類的調酒（ハイボール），在放送爵士音樂的車廂內，坐在沙發或是面海座位悠然小酌一杯，播放的音樂曲目正是「A列車で行こう」（Take the 'A' Train）。

從終點站三角可以搭乘渡船天草寶島航線（天草宝島ライン）到天草群島觀光、住宿溫泉旅館看美麗黃昏，一大早還可以去看野生海豚。

熊本至三角的車程四十多分鐘（停車站熊本、宇土、三角），可以看見海面的路段意外很短，所謂賣點之一的御輿來海岸路段數分鐘不到，沿途風景偶然會讓人清新舒暢，

但多數還是頗單調的風景，會想這列車如果換個行駛路段會更人氣一些。

像是廣島JR吳線也有提供酒精飲料吧枱的「快速瀬戸内マリンビュー」主題列車，在黃昏中很長一段時間都是沿著海岸行駛，氣氛比起「A列車で行こう」略勝一籌。

車身裝潢則是「A列車で行こう」在風味上大勝，尤其是透過教會彩繪玻璃般的拱廊看去的吧枱風景，以黑色及金色為主調的「A列車で行こう」，內裝以「十六世紀經由天草看見的南蠻文化風」為概念。

論車廂內的設計和整體感，這觀光列車或許分數很高，可是車窗外風景不是太理想，吧枱提供的調酒、下酒菜不是太吸引人，加上出了三角港除了新裝修的三角車站外觀很有風貌外，也找不到可以消費的好角落，總體來說不是一趟很滿意的列車搭乘體驗。可是如果是為了前往天草諸島而搭乘，可能就會是完全不同的心境也不一定。

因為去程不是很想用塑膠杯來喝酒，也不想吃那未必合自己口味的下酒菜，於是回程就在站旁的便利店買了喜歡的氣泡酒，配上下酒起司、煙燻火腿等，這樣自己準備飲料和酒菜也是一種樂趣。不過話說回來，這段路線真是時間太短，情緒剛剛熱起來就準備要下車了。

PS：利用北九州PASS不能搭乘這輛列車。此外因為不是每天運行的列車，在分類上是屬臨時特急列車，利用時要上網查運行日期。

CHAPTER 7

喜歡宮地的「依然」

VOCATION IN KYUSHU

特急あそぼーい！跟あそ1962走一樣的路線，說到差別，似乎是在立野停靠的時間相對短一些？

從熊本出發大約三十分鐘後，窗外的風景就變成了田園風光。上回搭乘這條路線是在九月初秋，這回是四月初夏前夕，窗外山野風景就更多了點綴著花朵的清新綠意，不時還可以瞥見一掠而過山野中盛開櫻花。

在立野車站一如往常的大部分乘客都下車了，大多是要在此轉乘私鐵南阿蘇鐵道。

列車一從立野離開，就開始一段鐵道迷注目的之字折返式路線，一種火車在攀爬較高的坡道時，會以某方向進入一地點後再以銳角反方向折回，繼續前往下一地點，這是一種登上丘陵、山地的方式，經過這路段後窗外的風景也會出現更廣闊的阿蘇山岳。

當特急あそぼーい！停靠在宮地站，步出車廂，從車站這端拍去月台邊上的列車身影，前景是綻放的水仙花。在滿足於眼前依然殘留著美麗春色的同時，也再次確認了能再遊宮地是符合期待的選擇。從仿造阿蘇神社的宮地車站走出，沿著縣道十一號線（又稱為やまなみ道路）走向門前町時，那迎面而來老屋旁的燦爛櫻花更讓這期待愈發高揚。

是姿態好美的櫻花，該是數十年來都這樣迎接著從車站出來的旅人和遊子。這樣在春天櫻花季節中遇見這樣的日常櫻花，是好喜歡的邂逅方式。

原本可以爭取時間選擇在車站搭上計程車前往門前町，只是更喜歡這樣慢慢沿著舊街道走去，

長尾製材所

熊本銀行

時間大約會花上二十分鐘。

第一次走時可以沿路發現好奇的風景和店家，第二次前去則多了確認記憶的樂趣，看看事隔三年那「沿途的老房舍、惹人驚艷的破屋邊野花和少見的淺藍色斑馬線通路」是否依然健在。

一路走著，當發現之前在《九州：大人的理想休日》一書中敘述的風景依然存在，那路邊小小的咖啡屋「柑七」也依然飄著麵包香時，竟有了些「回家」的心情。

變化會讓一個地方更有魅力，在旅途中通常也會期待著一個地方的轉變。可是有時旅人更渴望「不變」，那被往日回憶給滋潤得暖暖的情緒，就緩緩的浮現，腳步也飄然起來。

是第二次來到宮地，因此之前要去初次體驗的三大目標：阿蘇神社的參拜、門前町懷舊商店街（一の宮門前商店街）散策、水基巡禮，就只是路過瀏覽沒再深入觀察。

上回前來一の宮門前商店街是在九月連休假期，人潮湧入，連買一份人氣的「馬肉馬鈴薯餅」都要排隊。少了人潮的商店街多少有些蕭條感，看來觀光地和帥哥美女都一樣，要有人吹捧、擁戴才會發光發熱展現魅力。

沒有觀光人潮的商店街少了些風采，可是在幽靜阿蘇神社前綻放的櫻花就顯得格外的美麗。站在神社前的一整排櫻花木下讓櫻花瓣恣意吹拂，神社境內的神泉の水和門前町懷舊商店街的水基也都飄落著櫻花瓣。

穿過了櫻花盛開的阿蘇神社、一の宮門前商店街，在前往預計吃悠閒午餐的「café Tien Tien」前，跟上回一樣依然先去了商店街尾端的「一の宮タクシー」，去商討預約下午的計程車包車行程。

時間安排是先在 café Tien Tien 滯留一個多小時吃吃飯喝喝咖啡，之後回到一の宮タクシー車行。預計下午兩點多出發，先是一路前往車程約三十多分鐘的「一心行の大桜」，然後順路去一間附近的咖啡屋，再前往住宿的「界阿蘇」。

光是看地圖就可以知道不是短距離，實際上更是翻山越嶺。當時預估的包車時間是四小時，商談後的車費要一萬六千日圓。

多少以為跟 Milly 商談的中年女職員是認定了 Milly 住宿在頂級山林度假旅館，價錢一點都不退讓。內心多少有些不是很甘願，不過不想浪費時間縮短了在咖啡屋的悠閒時光，就爽快成交了。

一個人的旅人多少會任性些，天空很藍心情很好就會更任性。甚至會說服自己相信，最直覺的渴望和決意，通常都會讓自己最愉悅。

實際上呢？真的是很值得的旅程呢。

尤其是離開「一心行の大桜」咖啡屋「cafe Bois Joli」後，計程車在薄霧中一分鐘都沒停歇的在寬闊的高原、曠野中前進，花了幾乎一個半小時才到達界阿蘇，於是愈發認可這車費收得合理。

計程車包車預約完成，一路輕鬆的從車行出來，直走後再從叉路左轉，毫不遲疑的跨越小溪流步行到原址是女子裁縫學校的小山丘去。

「再遊」的最大好處就是熟悉路徑，少了尋找坐落位置的時間和不安。

Milly 對於舊學校改建這字眼是無法抗拒的，只要知道是廢校改建的美術館、咖啡屋，有機會一定都想前去探探，不過民宿就會猶豫一下。

當初就是知道宮地有間一九〇二年建校的洋裁舊學校改裝的雜貨咖啡屋「etu」，才會無論如何都想將宮地排入行程。學校舊址除了 etu 外，還有雜貨屋＋咖啡屋的「café Tien Tien」、可以吃著湧泉流水素麵的「結」和古美術館「古和」。林木環繞的小山丘上種滿花草，潺潺清流與鳥鳴聲和鳴，跟一旁商店街的風情完全不同。

上回因為連假期間又已經預約了附近的田野咖啡屋午餐，於是只能在 etu（エツ）喝杯咖啡，另一旁好奇的咖啡屋 café Tien Tien 只能路過。

不過當日 café Tien Tien 是客滿狀態，別說是等待用餐，連喝杯咖啡都不能實現。可是在門外一瞥的咖啡屋空間感，一直留在記憶中不能揮去，離開時就跟自己說一定還要再來，到時一定要悠閒用餐。

「再來」兩字說得容易，異國旅路上真能實現「再來」的願望，不知要動用多少幸福的契機才能實現。

雜貨珈琲屋「etu」

以外觀來看，山丘上並排的兩間咖啡屋都保留著舊校舍的木造建築外觀，etu 內裝是古物懷舊風貌，Tien Tien 則是柔和典雅同時有著些許歐陸風情。真要比較的話，該說 etu 玩心較重，Tien Tien 則較為女性化。

Tien Tien 角落上有著歐風古董的玻璃器皿、絨布立燈、相框和花朵，擺設都標有價錢，是可販售的法國古董小物雜貨，大多是女主人親自赴法國採購搜尋回來。

Tien Tien 的店名據說是店主「山田真由美」在法國定居時認識的法國友人名字，以為發音很俏皮可愛就這樣借用作為店名。不過也有人說 Tien Tien 是越南語請結帳的意思，無論如何都是發音很可愛的店名。

Tien Tien 空間最吸引人的是隨意掛上蕾絲窗簾的窗邊，敞開的窗戶讓風吹入，陽光也不斷變化著角度帶著舒服熱氣灑入。選擇窗邊座位是不錯的，視野可以悠然置放在屋外花草庭院中，只是有時也會選擇能整體望向

屋內各方位的角落位置，喜歡看著不同桌的一個人、兩個人、一家人無聲演出的故事。

Tien Tien 用餐空間比 etu 大，格局也更有餐廳規模。

一進去，立刻就聞到泛著淡淡香料味的料理香氣，坐下來翻看菜單，猜測這裡的料理是 macrobiotique 風格，也就是以玄米、野菜、海藻為中心，強調有機食材、使用阿蘇湧泉的健康菜色。點了以漂亮餐具擺設青菜的套餐（お野菜のプレート）配上點心和咖啡，真要說是多麼美味的菜色倒也不是，只是吃入口中盡是溫柔滋味，很適合咖啡屋內飄散的舒緩氛圍。

在這樣遊客稀少的日子裡，整個宮地地區似乎就只有這間咖啡屋客人最多，很多更是一個女子前來，悠閒咖啡屋自然會吸引喜歡悠閒的旅人。

上回不能在此悠閒一段時光的失落感，這回終於在一個多小時的滯留中填滿了。

{CHAPTER 7 | 一心行の大桜}

一本桜・・・
大地間一株孤傲聳立的壯麗大櫻。

以一本桜名所為關鍵字搜尋，出現了一串名單：（岩手）石割櫻、（福島）三春櫻「三春の滝桜」、小岩井農場的一本櫻（小岩井農場の一本櫻）、（阿蘇）一心行の大櫻、（會津）石部櫻、（福岡）浅井の一本櫻、（山梨）わに塚の櫻……

名單中以最想去也最可能前去為前提，最後選出的是三春櫻、小岩井農場的一本櫻和一心行の大櫻。只是這三株大櫻因為彼此相距很遠，開花的時間一心行の大桜大約是四月初至四月中，三春の滝桜是四月中旬至下旬間，小岩井農場の一本桜則是在五月中旬，於是想即使三個據點都能完成探訪，也有心理準備或許要放棄小岩井農場の一本桜，除非奇蹟出現提前滿開。

（同年五月末瀏覽網路訊息看見一個很殘念的消息，原來實際上小岩井農場の一本桜在二〇一三年沒有滿開，為什麼沒有滿開？原來是櫻花花苞被侯鳥給吃了絕大部分，於是沒有充分的花苞能顯示滿開。真希望這只是意外，更希望農場能想出對策，讓大櫻依然可以華麗綻放才好。）

二〇一三年四月一日，能遇上一心行の大桜滿開的機率原本不到一半，畢竟二〇一二年是四月十日才宣布滿開。

出發前一顆心被每天更新的預測給惹得七上八下，好在隨著日子一日日推進，開花的速度也意外的趕上進度，到達的四月一日正好是宣告滿開的好日子。

離開咖啡屋前往計程車行，搭上預約包車，往第一個目標一心行の大櫻前進。

由地圖已經可以看出，從宮地要前往南阿蘇村中村站附近的一心行の大桜，必須翻越好幾個山頭。約四十分鐘的車程沿途風景宜人，不時可以透過車窗看見一望無際的田野、農家旁綻放的美麗櫻花，真的好想就這樣停車下來沿路觀賞，再次認定最佳的山野賞櫻還是自己開車最好。

在接近大櫻的路徑上已經出現車流，等來到大櫻佇立的平野周邊，臨時圍出的停車場更是停滿車輛，被一面鮮黃油菜花環繞的大櫻四周更是有如廟會般擠滿著人潮。

難怪行家都說要看大櫻最美的姿態還是要在一大早前來，少了塵俗氣息，以山岳為背景的大櫻才是最美。

可是即使在如此混亂狀態，大櫻本身依然是氣勢不減，散發著傲人的美麗姿態。大櫻四周搭設有架高的環狀步道，這樣人潮才不會侵入大櫻樹下，同時也方便更貼近賞櫻。

一心行の大桜推算樹齡四百歲，樹高十四公尺，枝葉展開可達二十一公尺，而且從不同的角度看去，櫻花樹也呈現著不同的手姿。某個角度看去，大櫻的樹形像是M字，原來是因為曾經遭遇大颱風，中央枝幹被吹毀的關係。

據說這株大櫻立下名號是因一九九九年電視新聞的現場連線，之後聲名大噪，每年將近有二十萬人專程來賞櫻，地方政府更在二〇〇二年投入大筆經費整治周邊環境。

看著眼前大櫻，心思不由飄散到很遠很遠，想像一百年前、兩百年前當人跡還沒有踏入，當大櫻還沒有落入凡塵時，這株在平野上孤傲綻放的大櫻該有多麼迷離耀眼，那時站在樹下的人又是怎樣的思緒呢？

CHAPTER 7 | 小心眼下的 cafe Bois Joli 下午茶

Milly 承認堅持要去那讓計程車司機迷路的山野中咖啡屋，是來自小家子氣的斤斤計較。

心想花了一萬六千日圓包車，行程卻只是前往「一心行の大桜」和住宿的「界阿蘇」，未免不符合經濟效益，於是硬是從手上的雜誌找到一間離大櫻算是不遠的咖啡屋，宣稱要去喝杯咖啡吃個蛋糕，這被 Milly 壞心眼選到的咖啡屋就是「cafe Bois Joli」（日文的咖啡店名稱是のほほんカフェボワ・ジョリ）。店名中的 Bois 是森林、Joli 是美好的意思。

當踏入綠色森林中的白色木造屋前時，會有種自己不是身處在日本的錯覺，彷彿要進入一間森林精靈居住的小屋一般。

女主人當初的規劃，就是要做出一個自己也能待得很舒服的空間，然後期待能跟客人分享。別看女主人斯文秀氣的模樣，原來不論是庭園或內裝，很多都是她親手做的，因此即使有些部分不是那麼精緻，卻透出到朋友家作客的溫馨感。

在只有四張桌子的屋內選了靠窗的座位，因為這個位置可以看見屋外依然殘留著些花瓣的山櫻。

以下午茶的心情點了手工司康配上咖啡，可愛的女主人在點心旁還放上了庭園現摘小花。可是看見前面桌的四個女子，都點了放在竹籃的「ピクニックランチ」（野餐盒午餐）莫名的羨慕起來，明明自己的午餐也是吃得很優雅呢。

7 CHAPTER 究極的大人旅宿界阿蘇

VOCATION IN KYUSHU

界阿蘇的前身「界 ASO」，是 Milly 一直憧憬住宿的密境旅店。

但是在持續憧憬的同時也困擾著坐落位置，實在是太深山野嶺，不能順利以大眾交通工具前往。如果沒記錯的話，當時界 ASO 建議路途是從 JR 宮地站開車三十分鐘。

三十分鐘對於不會開車的 Milly 來說就是三十分鐘的計程車費，大約就是七千至八千日圓上下。然後在二〇〇一年七月，界 ASO 成為星野集團新設立的「界」溫泉旅館新品牌的第一間設施，前去的方式也清楚標明，如果不是自己開車，旅館的接送服務可以設定在黑川溫泉，也有定期一日一往返的接駁巴士往來熊本機場和界阿蘇之間。

訂房網站上甚至也標明，可利用的公共交通工具是在熊本空港搭上九州橫斷巴士，約一百二十分鐘後在筋湯溫泉入口下車，徒步約一分就可以到達旅館。（只是這樣的旅宿或許在一開始規劃就沒預想客人會搭乘巴士前來吧。）

從十年多前就開始憧憬住宿界阿蘇，但實際要去住宿界阿蘇時，怎麼都沒想到 Milly 不但不受計程車的預算所制，還一路從宮地搭乘計程車，看了大櫻、喝了森林中咖啡屋的下午茶，才悠悠然花了將近一個半小時來到界阿蘇。

早知道這樣，不如更早就實現這憧憬不就好了（笑）。

在九州櫻花提前盛開的季節，一早帶著雀躍心情搭乘列車「あそぼ～い」從熊本來到阿蘇宮地，在一の宮町尾端的咖啡屋愉悅小憩後，興致高昂的去鑑賞在廣闊阿蘇平野上華麗滿開的一心行の大桜。

只是隨著計程車在阿蘇山上的道路盤旋，向著海拔一千公尺處憧憬的天空之宿「界阿蘇」前進，旅途上原本亢奮的情緒也隨著窗外廣闊的草原景致緩緩沉澱下來。

暮色中工作人員迎面而來，一句「歡迎妳的來到」。是熟悉的中文？這穿著沉穩色澤制服的周先生（小周）是在中國出生、九州長大、海外留學，在他態度合宜的招呼下，住宿期間 Milly 更能全然放鬆。

不單是小周，界阿蘇的工作人員都有著不浮誇但可以感受到的細心，隨時留意客人的需要，適時給予服務。

おもてなし

客を取り扱うこと。

款待。

おもてなし這個字眼經常出現在傳統日式旅館的攬客文字中。「心のこもったおもてなし」，誠心全意的招呼；「細やかなもてなし」，細膩的招呼，更是日本旅館引以自豪的特質。只是一直在找尋跟日文「おもてなし」最貼切的同義中文，最後跟日本友人討論的結果，認為或許「款待」是最貼切的，不單單是招呼，不單單是招待，是更用心思的「款待」。這所謂的款待精神是日本溫泉旅宿的原點，很多時候卻容易被過度的奢華和虛浮的服務給掩蓋。如何針對客人真切需求「原

點提昇」，或許正是每一間高品質的溫泉旅店獲取肯定的最大原因。

日本不少頂級的溫泉旅館，在避免不能達到最完美招待的情況下，不接待不會說日文的海外客人，另一方面為了爭取更多所謂的海外富裕客人，也會特別安排懂中文的服務人員。說美意絕對不能否認，可是有時在遷就了語言溝通無障礙的同時，卻讓原本想去講究的和風款待給減了分。

未必是培訓不夠或是非日本職員不夠努力，只是不同國家不同人文背景、生長環境，那種大和民族特有的服務姿態不是單靠學習就能自然表現。

很多時候海外的客人正是為了能體驗那溫婉、合宜、體貼、細膩的溫泉旅館款待，才願意花上相對較高的價位預約，如果體驗到的反而是變樣的日本服務模式，失望就會相對提高。單就這一點來看，採用會說得宜中文的日本人或是在日本成長的外國人可能是較為適切的作法，至少 Milly 在周先生身上就看到了中國人的大度和日本文化薰染下的細膩。

至於對界阿蘇的第一眼印象則是，自己真的有如置身在森林密境內。

整體空間規劃並非宏偉絢麗，而是大度大器的沉穩品味，但位在自然景觀豐饒的國立公園內，八千坪廣闊原生林腹地內只有十二棟獨立的 villa 客房，每棟都有著適當的距離，而且都設有獨立的露天溫泉，有如擁有一間自己的「別莊」似的。

有時甚至會錯以為整個山林就被自己獨占著，依此角度來看，界阿蘇在時間上空間上真是無比的奢華。也正因周遭環境為房間和周邊營造出無比的寬裕感，住宿期間可以獲得絕對的寧靜，身體的韻律是平穩祥和的，同時卻又很深刻敏銳的感受到，此時此刻自己正被極致寧靜的自然包圍，得以用更清澈的身心靈去感應，空氣流動的聲音、涼風雨色的觸感，所謂完全五感滲透之旅或許就是這樣了。

界阿蘇 Villa 外觀

界阿蘇 Villa 房間

房間的類型有兩類，一是六十三平方公尺，有著露天溫泉、客廳和雙人房臥室的西式格局，以及除了以上格局外又加上舖設琉球藺的和室空間的七十八平方公尺房型。設計師佐藤一郎企圖表現的是「木と石の温かみ」，將大自然的石頭、木頭結合出一個溫暖舒適的空間感。

Milly則好喜歡以視覺引領的舒適觸感。光著腳踩在木地板上，甚至可以感受到木紋的自在、躺在特製沙發時自己整個被裹住的舒適、皮膚碰觸著印度棉床單的輕柔、浸泡在露天溫泉時皮膚感受到的軟滑水質，以及明明是堅持的石壁卻讓人感覺到安穩柔和的牆壁面。

絕景大自然和房間空間的款待已經足夠讓人滿足，更何況住宿期間還有來自旅館本身的「美食」和「貼心」款待。

用餐是在在接待大廳旁餐廳內，可以眺望阿蘇五岳。晚餐因為是一個人，旅館體貼的安排在半開放小包廂內，早餐則是可以看見山林的窗邊位置。

充分運用當季食材和奢侈使用阿蘇赤牛、豐後牛的四月櫻花意念晚餐料理，幾乎不用特別去強調，又是一道五感的饗宴。

說真的當開胃小菜（先附）一端上，對照菜單知道眼前有阿蘇赤牛（以西京味噌八小時醃製）和放上鵪鶉溫泉蛋的生櫻花肉（馬肉的斯文稱呼），已經是幸福到情緒飄然，更別說繼續端上的還有漂亮到讓人不知道從哪一味開始吃的八寸（演出季節感和當地食材特色的前菜）。

常常會提出這樣的疑問，日本料理的大廚明明大多是大男人，怎能做出如此纖細又處處呈現美學的料理？看到這樣集合了美學、廚藝、食材、美味的日本料理，真的也只能感歎又感歎。

日本人吃到絕品的日本料理會說，生為日本人真是太幸福！

Milly則想說，可以這樣吃到讓日本人覺得身為日本人真幸福的日本料理，真是好幸福。（好繞口！）

讓人讚歎的美食當前，以為若不配上香醇好酒不就枉費了眼前美食（根本就是愛喝酒），小周在分享著自己吃過這一季晚餐也驚豔不已的同時，也很專業的向猶豫不決不知該點什麼日本酒的Milly推薦可以淺嘗三種大吟釀的日本酒組合，用味覺體驗用阿蘇好水料理出來的食物和九州美酒。

如此在柔和燈光下淺酌美酒，配上多達九道運用了上百種食材的美味佳餚，只能說除了酒精帶來的醺然，幸福感的醺然同樣充滿著。

晚餐微醺後在燈光柔和的客廳房間內，上上網、看看電視、聽聽音樂，窩在客廳舒服的大沙發翻翻雜誌、發發呆。

突然意識到一種一時無法立刻掌握的感覺。

明明在旅途上卻可以這樣怡然，在怡然自在的同時卻又有著從日常脫出的快感？

明明似乎周邊什麼都沒有，似乎什麼都沒做，卻能夠讓身心充斥著想把每一分每一寸都收藏起來的滿足感。

這感覺如果真要歸納，或許可以說是一種「極致的自我自在」，在非日常的旅行中能這樣如日常般放鬆，或許正是大人的旅宿賦予的內涵。

對已經體驗了各種旅行醍醐味的旅人來說，是一種進階的究極旅行模式。

「何もしないする。」

是一種提供了「即使什麼都不做，也能如此自在滿足」的空間和氛圍的極致旅宿，在日常中，生活是總是求快求新的「加法」，至少在這樣的旅途歇腳處，可以用「減法」釋放出一些身上的負能量。

晚餐

早餐

泡澡泡湯

超級音響

晚上睡前將燈光亮度壓得低低的，泡在放滿了一池水的按摩浴缸讓自己更放鬆些。住宿在這樣以寬闊空間奢華的旅宿房間內，挑戰自己可以多麼放鬆，似乎是一種有趣的遊戲。

第二天一早起來，在晨光中泡著房外私有的寬敞木造露天溫泉，聽著林梢間鳥鳴聲，望向那雨後清新的山林。

不同於晚餐的豐盛和奢華食材，早餐講求的是更純實的味覺。有來自阿蘇草原的牛奶、鮮榨的地產蔬果菜汁和產山產的羽二重豆富（也就是豆腐）。

而這早餐的主角，Milly認定是那以餐廳中央柴火大灶保溫的大分縣特別栽培「一見鍾情」（ひとめぼれ）米飯，熱騰騰的白米飯顆顆晶瑩剔透，每一口吃下都是ＱＱ甘甜，好好吃。

早餐後自己沖泡一杯咖啡，在陽台上眺望遠方的山色，展開雙臂深深呼吸，讓時光緩慢流洩。舒適悠然中已經忍不住盤算，想在意境蒼涼的冬天再來，在高挑天井的石壁大廳火爐前凝聽著柴火燃燒和天才技師寺桓武設計的完美音響交織而成的樂音，那可以預期的寧靜及和諧讓人嚮往。

憧れる（あこがれる）

理想とする物事や人物に強く心が引かれる。

憧憬，被理想中的人事物強烈吸引。

一個憧憬體驗的結束，是另一個憧憬渴望的開始。

知足的旅人，在這世界或許是不存在的。

CHAPTER 7 | 蛋糕店「Chez-tani」

利用界阿蘇接駁車離開界阿蘇前，在薄霧微雨中走路去腳程約三分鐘、山丘上外觀如歐洲山中小屋的蛋糕屋 Chez-tani「シェ・タニ瀬の本高原店」。

二〇〇四年開店的 Chez-tani 瀬の本高原店，以外觀來看真的好像英國鄉村的蛋糕屋或是農舍，尤其是在雨霧中。Milly 也是被網路上的建築外觀照片吸引，怎樣都想進去吃吃蛋糕、消費空間。實際站在蛋糕屋前，以鏡頭捕捉的外觀的確頗有風味，室內空間則依然不脫制式化的日式洋館仿歐風糕餅店格局。

可是天氣好能見度高時，窗邊桌位可是能眺望雄偉遼闊阿蘇五岳絕景的特等席！

這假日甚至會造成周邊塞車的大人氣蛋糕屋，可不單單是以坐落的地點好來吸引人潮。受歡迎的蛋糕屋，受到認同的自然還是點心、蛋糕，最受歡迎的據說是一千八百日圓十分鐘限定吃到飽的蛋糕自助餐。

如果實在不那麼擅長吃太多蛋糕，也可選擇在十二種蛋糕內選兩種配上飲料的一千日圓蛋糕套餐。

店內經常有四十種以上的季節水果蛋糕和巧克力、起司蛋糕，讓這間蛋糕屋立下名號的則是「バームクーヘン」Baumkuchen 年輪蛋糕。

陰雨綿綿中想多些色彩，加上前去的季節是草莓盛產期，於是點了放上滿滿草莓的蛋糕，位置則是選擇在沒有陽光的 Sun Room 咖啡座。

蛋糕綿密好吃，可以理解大家為何會刻意開車過來甚至不惜排隊享用。

離開時還買了店員推薦的大人氣手工布丁「阿蘇・小国ジャージー牛乳 100%プリン」，布丁放在像是歐風牛奶罐的可愛陶器內，可以吃到濃郁牛奶香和香草滋味，在布丁愛好者的 Milly 評價中是分數很高的布丁。

醍醐味（だいごみ）

醍醐味原本是指「最高的美味」的佛教用語。
乳製品依發酵可分為五階段，分別是「乳」「酪」「生酥」「熟酥」和最終的「醍醐」。於是當經歷內涵深奧的感動體驗，領悟了事物真髓，也會說是那是XX的醍醐味。
諸如人生的醍醐味、旅行的醍醐味等等。

旅の醍醐味は人との出逢い！
旅行的醍醐味是跟人的邂逅！

旅の醍醐味は未知との出会い。
旅行的醍醐味是未知的遭遇！

CHAPTER 8

台灣女婿 杵築帶路

KITSUKI IN KYUSHU

「杵築」原本是陌生地名，只透過一些九州導覽書有著隱約印象。

可是現在看見杵築這個地名，就會自然的說：「啊，杵築，去過呢！很有風味的古城。」擁有著回憶風景和人們的親切笑容。

知道杵築，前去杵築，是始於一個機緣。

二〇一二年十一月經由粉絲團「Milly 的情緒私旅」，收到日本九州大分縣「杵築觀光協會」三浦先生的邀約。

說是買了 Milly 的《九州：大人的理想休日》，於是想推薦書中沒放入的，由他負責推廣的九州小城「杵築」。

這是當時信件的內容：「Milly さん はじめまして。私は、大分県の杵築市観光協会で事務局長をしている三浦孝典と申します。milly さんの九州大人的理想休日を購入し、拝見しました。もし、改訂版を出す予定がありましたら、わが町「杵築（きつき）」の情報を載せていただけますか？もし、まだ杵築にいらしたことがなければ、我々のホームページをご覧になって下さい。そして、もし九州にいらっしゃる機会があれば、私に電話ください。杵築を案内いたします。

你好！I'm Miura from Kitsuki Tourism Organization in Oita Pref. I bought your book at book store close to Taipei station. If you have a plan to renew your guidebook, please list our towns information.

If you have not been to our town please jump to our www.kit-suki.com

And if you have a chance to come to Kyushu pls let me know. I'll guide you our town!」

杵築城的櫻花

是不是很誠懇又很親切的邀約，還附上英文信件，非常細心。

很快的點擊閱覽杵築觀光網站，感受到這觀光推廣單位後面工作人員的用心和熱誠。

沒多猶豫 Milly 回覆邀約，很巧的這時也已經決定隔年四月、五月的旅行，當時就回覆說，或許可以在初春的時候前往一遊，屆時或許可以煩請三浦先生導覽。

不論是不是觀光單位，能有當地人、在地人的導覽，勢必會有不同於自己旅行時的角度。

持續跟三浦先生聯繫著，最後約定了四月三日前往杵築，希望能拍下鐵道迷大推薦的杵築站＋櫻花＋列車的畫面。

可惜二〇一三年九州櫻花提前開花，實際前去時櫻花已經進入飄落階段。

出發前已經掌握櫻花的開花狀態，沒多期待但依然小小的期待。

畢竟少了櫻花主題 Milly 是困擾的，擔心不知道怎麼切題來體驗號稱擁有日本最小城郭杵築城的小京都杵築。

不如就先跟 Milly 一樣先從文字來認識杵築市，以下是觀光網站繁體網頁說明。

「人口約三萬二千人。以豊後梅為城市的代表樹木，以蝦脊蘭為市花。位於大分縣東北部——國東半島南部的杵築，東西橫寬約廿九公里，南北縱長約廿三公里，總面積達二八〇平方公里，大約占大分縣總面積的四．四％。從面向別府灣的海岸地區到山間地帶，地形高低起伏，距離大分機場及大分縣的主要都市——別府市、大分市很近。也是大分機場道路、宇佐別府道路與大分汽車道三條主要道路交會的交通要衝。

「杵築在江戶時代（一六〇三－一八六八）是當時的杵築藩松平氏擁有三萬二千石而繁榮一時的城下町，直到廢藩設縣之前是國東半島的政治及經濟中心。（中略）

「實施開國政策的明治時代，舊杵築市與舊大田村屬於杵築縣，舊山香町分割為屬於日出縣及日田縣。之後為了順應時代的潮流，經過幾次的變遷，二〇〇五年杵築市與速見郡山香町、西國東郡大田村和併為現今的杵築市。在杵築有許多特產品。最具代表的產品是產於豐後水道豐富的魚貝類海鮮、受溫暖氣候之賜甜味酸味比例恰到好處的『杵築蜜柑』、以胡麻醬醃漬的鯛魚魚片，以及澆上熱水的鯛茶漬泡飯『URESHINO』等特產品。此外，具特有甘甜風味的『杵築茶』以及縣內外的紅茶專門店所推薦的『杵築紅茶』，細細品味香濃的風味。」

看完這官方資料，有沒有發現網頁的中文很流暢。原來三浦先生的太太可是台灣人，不知道是否有幫忙潤飾？

四月三日是陽光普照大好天氣，一早從福岡搭上特急列車 SONIC 前往杵築，一出車站就看見相約十點見面的三浦先生迎面而來。

或許是因為已經透過網路書信往來，明明是完全陌生的三浦新生卻意外很熟悉。見面不過三十分鐘，Milly 更知道原來三浦不是九州人，原本一直在東京工作，娶了在木柵動物園工作的台灣太太，還幸福的生下可愛兒子。三浦先生常來台灣，除了觀光業務也包含「回娘家」，於是自作主張認定三浦先生是對台灣充滿善意的台灣女婿。

與三浦先生會合後第一個被帶去的建議行程是ハーモニーランド「HELLO KITTY 和諧戶外樂園」，因為這 KITTY 貓主題樂園可是東京多摩市的「三麗鷗彩虹樂園」以外唯一的 Holle Kitty 官方主題樂園，很多旅行團會繞進杵築，也都是衝著這主題樂園而來。

不過 Milly 的旅行主題多是「自在隨性的大人旅」，就委婉的表示「可能」不是很有興趣，於是便稍稍修正路線，繼續坐上三浦先生的車子，返回車站沿著鐵道行走，從車窗瀏覽櫻花。

四月三日的時間點櫻花正在飄落，花雲（滿開櫻花有如粉紅色花雲）已經沒那麼完好但還是很漂亮，能這樣看見杵築地方的櫻花殘影還是開心的。

之後在一個路段上三浦先生停下車來讓 Milly 拍拍照，是春日油菜花+鐵道的景致，時間不夠不能等列車經過讓構圖更完美小小可惜。（剛到時有列車經過，可惜來不及按下快門，扼腕！）

之後車子開往「志保屋の坂」，從這裡拍下的坡道風景據說最有杵築風貌，關於杵築的觀光海報也多是以此角度取景。

之後前往一旁和樂庵（也稱為中根邸）參觀和服體驗，本來三浦先生建議 Milly 可以嘗試，但是一直以為自己穿和服實在沒多少好風情，哈哈，就還是婉拒了。

在南台武家屋敷中根邸和樂庵可以用相對便宜的費用，從多種和服中找出自己喜歡的花色，再請現場和服達人幫忙穿著。

志保屋の坂

那天好多年輕的正妹興致勃勃的挑著和服，還看見來自印尼的一家子，從爸爸到媽媽、哥哥、姊姊妹妹都穿上和服。原來是在日本念語言學校的女兒透過網路查詢到後，專程帶著來日本旅遊的父母親前來體驗。一定可以有很棒的旅行回憶呢，尤其是那留個鬍子的老爸真的好適合穿和服，Milly一直稱讚，他也看起來大滿足的樣子。

舉行這樣的和服體驗活動，是呼應杵築在兩年前發出的「きつき和服応援宣言」，杵築和風聲援宣言，希望能凸顯杵築跟京都一樣非常適合穿著和服散策，實際上杵築也的確已經被「きものを着る習慣をつくる協議会」（和服習慣普及會）認定為「適合穿和服的歷史街道」。

穿著和服遊杵築不但可以多一些遊覽時的樂趣，還可因此得到一些用餐或是入場優惠。每個月第三個週六會舉行一個「きもの感謝祭in小京都きつき」（在小京都杵築的和服感謝祭），穿著和服後會有專業攝影師幫忙拍照留念。

杵築主要的地標觀光點自然是「杵築城」，以觀光區域來分類的話，就是「杵築城周邊」「北台」「商人之町」「南台」「山香」和「大田」，這回只走了杵築城周邊和北台地方，好奇的商人之町沒能前去，都怪Milly任性臨時想去鐵輪溫泉，而三浦先生大好人也很大器的不單單推廣地方觀光，也樂意連帶推廣周邊的觀光資源，共生的概念很值得稱許。

體驗了坡道風情和和樂庵和服活動參觀後，接著來到Milly個人在杵築最喜歡的「一松邸」。首先坐落的位置實在太好，可以眺望海灣外更可以遠眺對岸山丘上的杵築城，更重要的是這棟一松邸充滿了傳統的建築美學，可以細細品味。

像是以一根大杉木沒切割舖成的簷廊、有著二条城等傳統工藝特徵的天井，以及手工研磨一片片玻璃做出的格子門窗。

一松邸

杵築海灣

要知道那一片片玻璃可是手工製作，光是凝視著那玻璃的手工感就完全迷戀上，維護的也極好，玻璃上看不見任何指紋痕跡，晶瑩透亮著。

尤其是像那天的陽光好日子，在陽光灑入的簷廊打著赤腳感受木紋溫暖，望向玻璃透亮的門窗，好閒靜舒暢。不過這可能是 Milly 個人的偏好，在觀光推廣上可能不能歸納於主流。

這是杵築市第一代榮譽市民一松定吉的宅邸，在一九五七年捐出，以「一松会館」之名提供市民休憩空間，原本坐落在市內，後來才移到這可以望向杵築城和守江灣的高台位置。

結束了一松邸的行程，繼續由三浦先生開車前往對面的「杵築城」。

有心理準備杵築城是很小的城郭，實際看見眼前的杵築城更是覺得這眺望視野極好的小城，真的是好可愛好精巧。

杵築城號稱是日本最小的城，站在城前就可以拍下整個三層樓的天守閣外觀。不過因為坐落的位置是相對高點，爬上二樓看去的守江灣海岸風景還是很壯麗。

姑且不論天守閣內的收藏是否豐富精采，光是站在這制高點上望向一面海岸風景已經是值得爬坡上來。

以杵築城為中心點的城下町看似不大，攤開地圖卻有著不少值得慢慢瀏覽的角落。如果時間充分三五女子同遊的話，建議的行程是先在「和樂庵」穿上租借的漂亮和服，然後在酢屋の坂、番所の坂等風情坡道上上下下走著。

順著一松邸、城下町資料館、大原邸、能見邸、杵築城一路散步，中午在位於南北兩方武家宅邸之間、從谷町到新町的商業市街吃午餐。

在「お茶のとまや」吃吃茶點小歇，餐後還可以逛逛老街，上「綾部味噌」「松山堂」「萬力屋」等老鋪商家，或是在老屋再生的「下村時計店」看看古布雜貨小物。如此充分的走一趟杵築城下町，可能需要五、六個小時。

當地市政單位為了維護這城下町風情，致力將電線桿、路標等會干擾古城昔日風光的現代景物移開，讓這裡成為很多古裝大劇的拍攝場地、攝影家喜歡取景的古城和最適合穿著和服漫步的街道。

老街上的用餐選擇很多，從鄉土料理、特色漢堡到海鮮蓋飯都有，不過行家帶路，三浦先生建議開車前去海岸邊上的大眾食堂「漁菜館」，吃那道地的漁師料理。

杵築城

CHAPTER 8 ｜ 人情食堂「漁菜館」

在漁菜館兩旁有不少掛上「カキ焼き」（烤牡蠣）的鐵皮屋，原來杵築的守江灣可是大分縣數一數二的牡蠣養殖區。十月至三月在海岸邊上會出現由漁夫直營的「カキ焼き小屋」（炭烤牡蠣小屋），每年都吸引大批的饕客前來。

四月牡蠣盛產期已過，只能看見岸邊的牡蠣殼和非常漂亮的海岸花朵，不過即使未能吃到鮮甜牡蠣，這間宣稱有著海邊老媽滋味的大眾海鮮食堂料理，同樣讓人回味無窮。

沒有光鮮時髦的餐廳內裝，可是光是看著廚房內穿著圍裙的媽媽們以熟練俐落手勢料理著菜色時，已經完全期待著端上的美味。

點了六百日圓的「漁師丼」定食，菜單上註明這漁夫蓋飯上的鮮魚是依當日的漁獲而定。以往看日本情報節目，最羨慕的就是那些由漁夫將剛捕獲的漁獲用豪放的手法料理而成的漁夫料理，由最懂得鮮魚美味的漁夫料理的漁夫料理是一定美味的。

那天是什麼魚 Milly 其實沒弄清楚，可是那

守江灣

烏賊絲和白肉魚一入口，「新鮮」兩字就出現了。生魚片一點腥味都沒有，滿嘴都是鮮甜滋味。

這樣新鮮又豐盛的漁師丼，配上當地盛產水果、放入海鮮的味噌湯、醋醃白帶魚小菜，整份定食才六百日圓，如果這樣都不算是物超所值，那怎樣才算是物超所值呢？

三浦先生點的是光是看名稱真不知道是什麼的海鮮蓋飯「りゅうきゅう丼」（大分鄉土料理琉球蓋飯），是將生魚用麻油、芝麻、醬油、味噌等調製，撒上蔥花放在熱騰騰的白米飯上，看去也是相當好吃。

用餐期間也看到三浦先生觀光部門的同事，有的是自己來這裡用餐，也有同樣帶著客人來吃飯的，可見這食堂不但是可以推薦給觀光客，更是受到當地人認可的美味餐廳。觀光協會的網站上推薦了二十間利用當地海鮮蔬菜等食材做出「杵築ど~んと丼」（杵築蓋~~飯）的餐廳、咖啡屋，「漁菜館」就是其中一間。

短短數小時的杵築探訪，卻已經可以感受到這是一個對土地有熱愛又有著旺盛企劃力的九州小京都。

前去的方式，如果開車就是從杵築市街地開入二一三號線，沿著守江灣往國東方面約十五分，搭乘公車則是從杵築站搭乘巴士在「灘手」站下車。這巴士路線可以一路來到

炭烤牡蠣屋

大分車站或是前往別府，可以在此用餐後繼續延續的旅程。

本來三浦先生提議用餐後，可以去看杵築特色的大眾演劇鑑賞（有點像我們地方歌仔戲團）和江戶村散策。可是用餐期間Milly提到從杵築似乎可以前往有著湯治文化和自炊風格的「鐵輪溫泉」，一直對那裡很好奇，但從別府過去有些繞路，上回沒去成一直引以為憾。三浦先生真是大好人（說第二次嘍！笑），居然立刻提議或許可以餐後就開車去鐵輪溫泉，並建議可以在別府搭上特急列車，一樣可以在當晚順利回到福岡（博多站），然後依照預定搭乘新幹線前往當晚住宿的岡山。

可是之後的杵築探訪行程呢？這回可是受到三浦先生的邀約，特別來認識小城魅力的。三浦先生開朗的說，反正可以將大分－杵築－鐵輪溫泉－別府連成一條觀光旅遊順線，本來就該這樣互相聯繫、互相協力、共同成長才好。

於是就這樣在三浦先生大方又大器的品格下，Milly意外的多了一趟鐵輪溫泉小旅行。

三浦先生不但有熱力也很用功，在前往鐵輪溫泉的車上，當知道Milly接下來要去「出雲大社」時，立刻說了杵築跟出雲大社有著少為人知的關聯。

原來直到明治初期，出雲大社還是稱為「杵築大社」，出雲大社的門前町也稱為杵築。後來當Milly來到出雲大社時，也的確看見當地的地址上寫著杵築的字樣。

漁師丼屋

8 | 鐵輪溫泉

別府的溫泉湧出量是日本第一、世界第二，擁有稱為「別府八湯」的八個溫泉群。鐵輪溫更是其中歷史最古老、源泉最密集的溫泉鄉。

不過想去探訪鐵輪溫泉的主因不是溫泉品質有多好、溫泉量有多豐富，而是鐵輪溫泉儼然就是日本溫泉的原型。

現在的溫泉鄉多是以周邊觀光、名產、溫泉街、情緒咖啡屋、豪華旅館來吸引人潮，可是日本古來的溫泉鄉還是以治病、療傷為主。湯治需要長期滯留，多數的情況自炊（自己煮食）是必要的。在鐵輪溫泉依然存留下來的還有以溫泉蒸氣透過「地獄釜」來料理食物的「地獄蒸料理」。

不過隨著時代演進，鐵輪溫泉的湯治旅館已經不多，地獄蒸料理也像是觀光體驗一樣，要在溫泉商店街いでゆ坂上的「地獄蒸し工房鉄輪」內才能看見。

當然這或許是保存傳統地獄蒸料理的最佳形式也不一定，至少現場所見大家的確都能

地獄蒸し工房鉄輪

樂在其中，來此旅行的觀光客即使不住在這裡的旅館，一樣可以先在附近的超市、漁販買好食材，或是就近在地獄蒸し工房鉄輪內購買食材後等待工作人員叫號，還可以委託館內人員代為清洗食材、切塊。利用地獄釜的基本費用是三十分鐘五百日圓，調味料沾醬可以免費自由取用。可能是怕遊客因為不熟悉而燙傷，地獄蒸的所有料理過程都由有經驗的媽媽工作人員在旁一個步驟一個步驟的指導。

好在導覽鐵輪溫泉的是觀光案內高手三浦先生，在來到觀光氣氛的地獄蒸し工房鉄前，已經帶 Milly 到偏離溫泉大街的高台上參觀了依然保有昔日湯治風情的「湯治の宿 大黒屋」。

一踏入大黑屋門前，看見那冒著溫泉蒸氣的爐灶（地獄釜），Milly 就開心的說著：「沒錯就是這個樣子，想要看見的鐵輪溫泉風景就是這個樣子。」

想像住宿在這裡，黃昏前一面喝著清酒，一面看著自己準備的食材在大地的廚房內烹煮，該是多麼有趣的度假方式。

不用點瓦斯爐、不用升起爐火，從地球深處就會源源不斷冒出熱氣來，即使沒人利用，熱氣依然是不斷的不斷的冒出。

一旁的土牆上貼著使用說明，建議「黑輪」「波菜」「螃蟹」等不同食材該蒸煮多少時間。

大黑屋的溫泉湯量是這一帶最豐富的，甚至可以分給其他旅館使用，到了冬天，附近的貓咪更會聚集在旅館前取暖。

旅館本身說不上特別有風貌，平淡的水泥兩層樓建築有些殘舊。房間擺設完全不像旅館房間，倒像是一般住家，就是那種東西亂放很有生活感的樣子，實際上旅館也是由古民家改建的。

不過請不要誤會，這裡雖有些凌亂卻不會不乾淨，某些房間的凌亂是住宿客人長期住宿將自己生活融入的緣故。網路上的評語也多會說，房間是有些舊，但是棉被等都很乾淨。

在一樓客廳旁有著不是太明亮的廚房，讓長期住宿的客人可以煮食、燒水，即使旅館前有自然的爐灶，可是或許還是需要瓦斯爐來調理蒸煮之外的料理，如果不擅長料理，老闆娘也準備有頗受好評的自家風味地獄蒸套餐。

其實與其說是參觀大黑屋更該說是闖入，因為去時旅館內一個人都沒有，旅館外還有一個從東京搭乘新幹線來的女子枯坐著。女子說她已經是第三次入住這旅館，因為喜歡大黑屋的風情，也可以利用地獄蒸專屬爐台烹煮食物，大皮箱內還放著滿滿的海鮮、蔬菜。只是明明預約時已經聯絡好，可是都等了將近一個多小時了，卻一個人都沒看見。

好心的三浦先生於是透過不同管道打電話查詢，終於找到老闆娘的老公，問到了旅館老闆娘的電話。打通電話才知道老闆娘探病去了，老闆娘還表示反正旅館沒鎖門，建議女客人將行李放到客廳，也歡迎 Milly 和三浦先生隨便參觀。

地獄蒸

大黑屋本身是超過百年的老鋪湯治旅館，女將（老闆娘）安波照美是從湯布院嫁到這裡來。

真是是很隨便，該說是隨和。利用這樣還保留著昔日房東人情的溫泉湯治旅館，或許才是體驗鐵輪溫泉的最理想方式。如果完全自炊只是住宿的話，兩個人一間榻榻米房間，一人一晚住宿是三千日圓起。兩人住宿一星期以上，一人的費用則變成二千八日圓起，同時附上每天的早餐。

CHAPTER 8 | 湯煙展望台

離開鐵輪溫泉在送 Milly 前往別府車站搭車返回福岡前，三浦先生依然把握時間帶著 Milly 前往位在山頂住宅區的「湯煙展望台」（湯けむり展望台）。

從這置高點的位置上可以眺望整個以扇山、鶴見岳為背景，冒著溫泉湯氣、湯煙的別府溫泉鄉。

那天能見度不是太好加上風向不對，湯煙不是太明顯，否則從這角度看去最能體會別府是日本溫泉源泉最豐富的區域。

一定是有其震撼力才是，否則也不會將這展望台看去的夜景列入「日本夜景遺產」，甚或是「二十一世紀に残したい日本の風景」（二十一世紀想留存下來的日本風景）。

在別府車站三浦先生誠意到底堅持要送入車站，看到 Milly 進入月台才大大揮揮手道別。台灣女婿的六小時間行家帶路也在此告一段落，即使這可能是身為杵築觀光協會主事者的推廣地方旅遊招待，可是由於三浦先生的誠摯和投入，Milly 會記得這一天是跟著一個朋友旅行著，旅行著一片他引以為傲的土地。

日後看見杵築這個地名，Milly 一定會想起這一天的旅行，那海邊的野花、食堂歐巴桑開朗的笑容、那百年工藝下透亮的手工玻璃窗、那從武家屋敷緩緩延伸的坡道，和三浦先生總是順應 Milly 隨性要求的明快決斷力。

出会う（であう）
人・事件などに偶然に行きあう。
人或是事件的偶然相遇。

遭遇、邂逅、相遇、發現……

不單單指男女之間的邂逅、命運的相會。

不單是人與人之間的，也是人與一個事情、一個風景、一個人夢想的偶然碰撞，尤其是在旅路中。

Milly在來來去去的日本旅行中，將一個一個地名「高知」「中村」「清里」「松本」「奧入瀨」「波照間島」……連上這個人那個人的臉孔、一些記憶一段故事、一抹笑容和說著「之後的旅途一路小心喔」的聲調。

就像是小王子故事中，小王子和金黃色狐狸、金黃色麥穗的關係一樣。

因為小王子和金黃色狐狸的邂逅，從此當看見微風吹過金黃色的麥穗時，就會想起那隻跟自己相遇的金黃色狐狸。

旅行中的種種邂逅，或許也是這樣的。

一個原本只是地名的地名，就不再只是地球上一個地方的地名，而是自己以記憶來存在的地名。

不是以官方網頁的文字說明、不是導覽書上標註的特色、不是維基的資料，而是一個「地名＋∞」，地名＋自己的存在。

以柔軟、開放、好奇的心，去等待著那一刻旅途上的邂逅。

從掌握最微弱的邂逅訊息開始，如此便能建構一個更像自己的旅行。

角館
武家屋敷資料館
歴史が語る文化
手打ち角館武家ざるそば
手打ち角館武家ざるそば
一子相伝
稲庭干饂
佐藤養悦

CHAPTER 9

東北新視野

TOHOKU NEW VISION

9 雪色、櫻色の角館

CHAPTER 9

TOHOKU NEW VISION

純白與粉紅的角館。

說到再遊，或許沒有比在同一年不同季節去一個地方更奢侈的事情了吧。

第一次來到角館，為了武家屋敷。

第二次來到角館，就是想看漫天覆地的大雪。

第三次來到角館，就是想看壯大華麗的垂櫻。

角館武家屋敷是戰國時代諸侯（大名）和武士建造的官舍，極盛時期一共有八十戶以上。

角館町內約六百公尺的道路周邊，可以欣賞一戶戶獨立但集中的武士宅邸群，來過應該都會被武家屋敷那沉穩厚重的黑牆（武家屋敷の黑板塀）印象深刻。

也正是因為這絕對厚實的黑，讓一整面的白雪和艷麗的粉色櫻花有著視覺上的震撼之美。

二月一面銀白世界

二〇一三年二月在「就是想看雪」的激情下，一大早坐上新幹線直奔角館，就是想讓自己能在號稱那一季冬天最大豪雪下的角館，來一場極致的「黑＋白」視覺饗宴。

出發的東京還是晴空無雲，甚至空氣還有些餘熱的天氣，可是經過仙台後不久，窗外就已經是一面白雪，等新幹線到達角館站時，從迎面而來的酷冷空氣和結冰的月台，已經可以確認這一天的主角就是大雪無誤了。

之後沿著站前道路走向武家屋敷通，一路上積雪真是好深好深，Milly腳步是謹慎的心情卻是異常雀躍，忍不住一直「凄い！す～～ごい！」「哇哇～哇～厲害！」的大驚小怪讚歎著，畢竟真是少見的積雪，觀光案內所旁的站牌已經幾乎完全被掩埋，內陸線角館站前的大紅郵筒也必須挖出投信口，青菜雜貨鋪旁的上坡石階挖出了一人高的雪壁！

就是這樣，原本走路前往武家敷屋入口不過是十五分鐘左右，卻整整花了三十多分鐘才到達，誰叫眼前角館生活的日常卻是如此的非日常，原本理所當然的平日風景也在大雪堆積下變成了不凡的風景。

平凡民家已經可以經由大雪覆蓋而變貌，更何況是不平凡的黑板木牆武家屋敷景觀。已經有心理準備會有震撼的景致，但是當站在武家屋敷通入口時，還是震撼於那讓人幾乎忘了呼吸的美麗。

黑色武家屋敷和絕對純淨白雪，讓Milly就那麼看著看著，怎麼也看不膩似的。

這時一輛紅色轎車在寂靜無聲的時空中，緩緩駛入通過。

這才稍稍回過神來，用僵硬的手指按下快門，捕捉住那黑與白中的一點紅。

是大自然畫出無可取代的巨作名畫，這樣的風景或許只能這樣去結論。

待雀躍的心情逐漸冷靜下來後，才開始意識到那些從黑木牆後冒出的參天大木是在寒冬中退到配角位置的垂櫻，於是即使眼前是百分之百的雪地寒天，Milly的心思已經開始遙想起，當春天來臨大雪退去後的櫻花角館絕景。

三個月後櫻花盛開

三個月後五月初，再度出發來到角館。

自然是為了企圖將那日寒冬大雪覆蓋的角館，跟櫻花進入滿開最盛期的角館，做一個自我滿足的對照。

說到對照，角館櫻花的美正是所謂極致且獨一無二的對照，是以武家屋敷的黑板塀輝映著巨大卻柔美垂櫻的對照。

看了資料才更以為眼前的櫻花美景，是出於一個絕美的浪漫，而不是出於偶然。

距離現在三百多年前，角館佐竹家第二代家主義明的妻子，在嫁妝中放入了從京都「三条西家」帶來的三株櫻花樹苗，從這開始角館才有現在擁有四百五十株以上絕色垂櫻的華麗風景。

不過日後跟日本友人聊起，才知道二〇一三年的角館櫻花或許是因為天候不穩定，大垂櫻未能一氣呵成一整面盛開，來成就一

個在黑色武家屋敷景致下絕艷的絢爛風景。

氣候不穩使有些角落的櫻花已經落盡，一些櫻花卻還是花苞。即便是這樣，角館的櫻花還是美麗，更何況除了武家屋敷的櫻花風景，角館還加送了一個經常在新幹線車內海報看見的「檜木內川堤櫻花風景」。

從大紅柱子的橋上遠眺，檜木內川堤上那向著天際一直延伸似乎沒有盡頭的染井吉野櫻花道只能用壯麗來形容。真是好長好長的河堤櫻花風景，據說可以一直延伸兩公里。如果貪心些會希望天空更透藍些，眼前的風景會更貼近海報上的模樣。好在像是要彌補這小小的不滿一樣，河堤上同時滿開著鮮黃水仙，讓櫻花風景多了些顏色。

大雪讓角館像是進入冬眠般的寂靜，這寂靜或許就是要養精蓄銳來迎接燦爛的櫻花盛開和滿滿人潮。真的是走到那裡都是人！想要擁有沒有人群入鏡的角館櫻花氣勢全景，還是必須奮發些在一大早搶先占領。

角館的櫻花季節和豪雪時期，怎麼說都是喜歡後者多些，畢竟是喜歡幽靜多過喧囂些。

CHAPTER 9

Apple、林檎、蘋果、リンゴ的弘前

TOHOKU NEW VISION

日本蘋果生產最多的產區是青森，佔了總數的五〇%，排行第二的則是弘前，約是二〇%。

二〇一三年兩次弘前行，一次是鎩羽而歸，一次是很蘋果的弘前旅行。

二月的弘前

二月的行程原本就已經排入弘前，可是在離開角館返回盛岡，轉車來到新青森準備搭車前往弘前時，卻看見告示牌寫著前往弘前方向的特急列車因為大雪停駛，必須改搭巴士前往。詢問引導搭車的站員，從弘前返回新青森的巴士有確定會發車嗎？

答案居然是不確定，因為大雪的關係，暫時只能以臨時接駁巴士疏散受阻的乘客，但之後的班次無法確認，巴士要花多少時間往返弘前也完全無法掌握。

如果當晚住宿弘前，Milly 一定會冒險前進，多少也是想正面去嘗試一下在大雪中的壯烈，可惜那天住宿東京，第二天還有非在東京不可的預定行程，只好放棄。

從溫暖的站內看出去是視線不清的風吹雪，鐵軌也要噴水來除去積雪，原來那天（二月廿一日）在豪雪之下，青森市的酸ケ湯還破了積雪紀錄。

雖說既定的行程受阻有些懊惱，但是第一次遇到列車因為大雪停駛，還是有些莫名的興奮。行程被阻斷又不甘願就這樣搭乘下一班新幹線折回東京，於是就到新青森站內的「あおもり旬味館」，買一個集合了東北當地食材的便當預備在新幹線上享用，同時樂在被各式各樣的蘋果所包圍的興奮。

有新鮮的不同品種的蘋果，有蘋果汁、蘋果酒、蘋果點心、蘋果脆片、蘋果圖案雜貨……這樣豐富的蘋果周邊商品還是首次遭遇。

後來目光跟一群頭上頂著蘋果大象相遇！立刻喜歡上，帶了大中小三隻回家，目前也在Milly小窩一家三口愉快的過日子。

最後再買了瓶裝上印有百分之百「純」青森蘋果汁字樣的飲料和「AOMORI APPLE CAKE」（青森蘋果蛋糕），這才總算可以滿足搭車去。

有這麼愛蘋果嗎？倒也不是，只是在青森的範圍內，就怎麼都想蘋果一下。

五月的弘前

回想一下，二〇一三年的日本旅行有些密集，不單是次數的密集，還是月份的密集。

二月三月四月五月在日本都有行程，因此可以愉快的將日本二至五月的季節以片段的方式延續。大雪的日本、櫻花的日本、新綠的日本。

二月廿一日被大雪阻擋的弘前行程，在五月六日前往青森「奧入瀨溪度假」之前得以延續。

為什麼一定要去弘前？以往最多只知道「弘前城」在櫻花季節很熱門，弘前自稱為「蘋果的城

金星
¥100
美丘
¥100
王林
¥100
サンふじ
¥100
星の金貨
¥100

ぞうさんトレー
580円
ガーデンマスコット
植木鉢の上において
グリーンを自然に見たてて楽しんだり

市」也是後來才知道。

弘前真的是很努力的在提醒大家自己是「蘋果的城市」，車站內有大蘋果，站前的郵筒上有蘋果，污水蓋有蘋果，走在街上很多店家也都以蘋果圖案做成招牌，甚至在弘前近郊還有一座蘋果公園。要是在八月、九月蘋果收成期，一定會飛奔過去，五月就還是讓櫻花當主角。

說到在日本東北地方旅行，特色多數集中在「青森奧入瀨溪流」「秋田角館的櫻花」「日本三景之一松島海岸」，以及「弘前城的櫻花」。

可是在日本的某間咖啡屋內無意中翻閱的雜誌上，Milly卻被弘前市內東歐風情的圖書館給大大吸引，之後就怎麼都想到弘前看這建築。

出發前更進一步搜尋了資訊，才知道原來除了蘋果、弘前城外，弘前還和小樽、函館一樣，是一個隨處可以看見「洋館」「教會」的城市。

弘前之所以留下如此多的洋風建築，起源是在歷史上弘前是「津輕藩」的城下町，明治以後更致力成為一個「學都」，於是在招攬外國教師傳授西方學問的同時，也接受了天主教、基督教，百年前建造的文藝復興風格建築就是這樣留存下來的。

在弘前車站搭上往弘前城方向的巴士（弘前土手町循環バス），不過中途先就在土手町下車，一面探訪老房子一面順路前去弘前城。

首先會看見建築有著紅色尖塔、風雞和綠瓦屋頂的「一戶時計店」（建築年一八九九），明明是鐘錶老鋪卻能有這樣特殊的建築，對於弘前歐風洋館建築的期待就更加強烈了。

之後從一戶時計店對街的小路進去，就會看見紅磚瓦建築的「弘前昇天教會」（建築年一九二〇），由日本聖公會昇天教會傳教士設計，外觀是哥德式樣紅磚造型，是融合英式建築風格的教堂。

再繼續探訪弘前洋館建築前，先繞路去一間同樣是有著歷史故事的咖啡屋小歇。

一戸時計店

弘前昇天教會

CHAPTER 9 | 太宰治的万茶ン

咖啡屋「万茶ン」一九二九年創業，號稱是東北地方最古老的咖啡屋。

看見菜單上有蘋果派自然毫不猶豫的點了，畢竟是弘前，吃糕點怎麼都不能忽略蘋果派。咖啡則是點了「太宰ブレンド」（太宰綜合咖啡），太宰？沒錯！這間外觀、內裝都不是特別搶眼，甚至有些老氣的咖啡屋，之所以可以成為每天都高朋滿座的人氣咖啡屋，正是因為日本大文豪太宰治（著名作品是《人間失格》）也經常光顧，據說最喜歡的還是窗邊座位。

店內放著太宰治的照片，也販售太宰品牌咖啡豆，咖啡杯上的老鷹標誌，則是太宰治母校弘前高中的校徽。

咖啡有太宰治的加持，味道就不去計較了。蘋果派也算好吃，而且不愧是在蘋果的產區，蘋果真是放了好多。

唸起來有些繞口的店名「万茶ン」，「万」是指千客萬來，希望客人多多。「茶」自然是奉上咖啡、紅茶，本來店名就是「万茶」，

舊東奧義塾外人教師館

「ン」是第一代的老闆加上的，原因可能也只有他自己知道，或許是方言的發音？

朝聖了歷史老鋪咖啡屋，繼續沿著商店街大道往弘前城方向前進。在快要到達弘前城之前，按照指標就可以來到歐風洋館建築最密集的區域。

首先是氣勢非凡一九〇四年完工青灰色外觀的「青森銀行紀念館」，青森銀行是青森縣境內的第一家銀行，由日本洋館建築大師堀江佐吉設計，建築採左右對稱的文藝復興格式，並融入日本建築獨特的土藏造技術。現在已經沒有銀行業務在此進行，而是由於被指定為國家重要文化財產，而成為對外開放的紀念館。

接著順路下去，在市役所前追手門廣場上會先看見紅色屋頂、白牆綠窗的可愛建築「舊東奧義塾外人教師館」，如同繪本故事中的小房子。

東奧義塾是一八七二年在青森縣開辦的第一所私立學校，外人教師館則是提供給當時的老師居住。現在一樓改裝為咖啡屋，二樓是保留當時模樣的展示空間。

舊東奧義塾外人教師館旁邊是 Milly 最喜歡的舊弘前市立圖書館（旧弘前市立図書館），

舊弘前市立圖書館

三層平衡對稱的氣勢建築，最顯眼的是紅色八角型的圓頂雙塔，然後窗戶很多也引人好奇。據說圖書館最重要就是光線充分，窗戶如此密集就是希望採光能很好。也是由當時知名的工匠堀江佐吉設計，建於一九〇六年，原本位在東奧義塾高中校區，一九九〇年才移到現在的位置上。

從圖書館很快就可以走到弘前城，剛好是週末假日又遇上櫻花盛開，於是擠滿了賞花人潮。弘前城有四百年歷史，境內一共有二千六百株以上的櫻花，除了天守閣之外，拍攝弘前城櫻花最好的地方，可能就要算是站在「下乘橋」前或是下乘橋上，因為可以拍下大紅下乘橋映著粉色櫻花、背景是弘前城的構圖。

沿著弘前城壕溝一路賞著櫻花，一時忽略了時間，發現時已經沒有餘暇可以搭乘巴士回車站，於是快快攔下計程車速回車站，以便即時使搭上往新青森的特急列車，以免錯過了當晚入宿青森屋的時間。

弘前城櫻花

9 在青森的人情風土中度假

要整理在青森屋（星野リゾート青森屋）的住宿體驗，真是很困難。困難在於這旅館的內容實在太豐富，簡直就是將青森的美食、節慶和人文風土都濃縮在兩天一夜的住宿中。同時也是近年來少數住宿時，會一直想著如果可以跟著老媽、外婆、阿姨、外甥一起在這旅行有多好？是讓人想組一個大家族旅行團來一起享樂的旅館。

搭乘新幹線到達新青森後，繼續轉車前往八戶，事先預約的話可以在新青森和八戶搭上旅館的接駁巴士一路直達青森屋。八戶站至青森屋約是四十五分鐘，新青森站至青森屋則是一小時又四十五分鐘（詳情請參考青森屋網站）。

Milly上午先繞去弘前，之後搭乘特急從弘前來到新青森再轉新幹線到八戶，從八戶搭乘「青い森鉄道」來到三沢站，在車站搭上旅館接駁車，大約一分鐘就可以到達青森屋，由車站走路過去的話就是十分鐘。

從外觀和報到櫃枱來看，青森屋的第一印象倒沒有特別驚喜，以為就是大型的團體觀光溫泉旅館。可是慢慢感受到那不同，體會到青森屋自稱為「青森屋居民」的工作人員的貼心和熱情，還有那一波接著一波讓人驚喜的企劃。

Milly住宿的是新客室，除了鋪上青森特有以舊衣編織的「裂織」床罩的半和室睡鋪、利用栗木和南方鐵等建材特別訂製的舒服沙發外，屋內各角落也可以發現屬於東北地方的工藝。

茶壺是「八戸燒」，茶壺墨綠的釉色是以青森自然生長的山毛櫸和三陸海岸的綠藻調和而成。屋角木製燈罩木材取自世界自然遺產白神山地的山毛櫸森林，透過燈光可以看見木材紋路，窗邊還放了青森七百年前就存在的玩具「八幡馬」。

房間的確是寬敞又舒適，不過旅館內想去探訪的空間很多，待在房間的時間意外不多。

離開房間好奇探訪，從電梯出來進入本館一樓稱為「じゃわめぐ広場」的寬闊空間，首先會看見日本溫泉旅館典型的遊戲室。接著映入眼簾的居然是彷如將夜市搬入室內的屋台村「もつけんど」，可不是只是演出庶民風情的小吃攤，是真的營業的小吃攤。有章魚燒攤、有八戸拉麵攤、有不同季節月份提供不同食材蓋飯（のっつ丼）的「めし屋」、可以吃著下酒菜小酌的「つまみ屋」，以及可以喝到當地釀造日本酒的「もっきり屋」。

屋台村營業到晚上十一點，可以當作宵夜、簡單的晚餐。Milly則是在睡前喝了「もっきり屋」的青森地酒SET，一般來說像這樣品嚐三種酒的SET都是小小一杯，可是或許是東北人的豪放個性，這裡的每一杯試飲都幾乎比東京都會單點的份量還要大，於是拜這大方之賜，當天晚上真是頭一貼枕頭就入睡了。

在屋台村的旁有一座野台，每天晚餐後都有「青森ねぶた囃子」「津軽三味線」「民謡」和特殊的「スコップ三味線」（鏟子三味線）的表演。在熱鬧的囃子、三線鄉土音樂中觀看是一種樂趣，以這樂音為氣氛享用屋台宵夜更是另一番樂趣。

野台旁放置巨型青森ねぶた祭山車（青森ねぶた祭有稱為「侫武多祭」或「睡魔祭」），這些

裂織

栗木和南方鐵製成的沙發

八戶燒

八幡馬

可不是裝飾品，而是實際在青森ねぶた祭上出現過同時得到大獎的，有這樣的空間擺設就確切感受到自己正在青森旅行中。

只是在這裡就大驚小怪還太早，真正厲害的還在後面。

事先預約就可以體驗青森屋特有的大型晚餐秀，表演的不是歌星、特技、魔術，這稱為「のれそれ青森~ひとものがたり~」（努力青森故事晚餐秀？），會將東北的みちのく祭り和青森ねぶた、弘前ねぷた、八戸三社大祭的山車，同時呈現在宴會場。光是看著舞台上豪華絢麗的裝置和輕快的祭典音樂舞步已經是難得的經驗，更別說兩部巨型的ねぶた山車還會真的互相鬥陣起來，可以想見那氣勢有多壯觀吧。

這麼說好了！基本上光是舞台已經是表演廳規模，可以讓兩部山車穿梭的地面舞台更是如同四個籃球場般的大小。

演出的都是旅館的年輕工作人員，帶領客人一起喊著「RA、SE、RA」祭典吶喊，整個情緒有如進入實際祭典中。

用餐空間是在大舞台兩側高台，享用的晚餐秀大餐（青森ずっぱ御膳）除了青森鄉土料理的仙貝湯、青森牛、一口冷蕎麥麵外，更可以吃到服務人員以演出方式端上的蒸籠料理，有新鮮溫熱東北蔬菜和干貝海鮮，如果要更有氣氛還可以點一瓶青森屋自家釀造的青森祭酒。

如果可以，Milly 一個人住宿時都會盡量避開大型團體客的觀光溫泉旅館，但是這次的青森屋住宿體驗，對於溫泉觀光旅館的既定偏見多少有些改觀，至少會以為如果日後有家族旅行，青森屋勢必是列入考慮名單的最前面。

可以讓一家大小愉快度假的除了之前提到的晚餐秀、夜宵和鄉土演出外，提供豐盛青森庶民美食的自助餐也是一大優點。

位在「のれそれ食堂 ぬくもり亭」內的自助餐，雖說有豪華的現煎青森牛肉供應，但主題還是放在鄉土料理上。為了強化家庭風味鄉土料理的印象，餐廳入口還放上以地下水冰鎮的番茄、黃瓜，布置有如古民家廚房擺放著豐盛新鮮蔬菜的料理枱邊有穿著圍裙溫柔模樣的媽媽工作人員在揉著麵糰，由這麵糰切出的手工麵會煮成麵食放上鮮菇、烤年糕讓客人享用。

自助餐枱上還擺放著川燙過的「山菜」，以這樣豐富的山菜讓客人作為山菜冷盤的作法更是第一次看見。第二天的早餐則有雪室胡蘿蔔現榨的蔬菜汁，幾乎喝不到胡蘿蔔特有的草青味，清甜又順口。

自助餐的主題原來就是「青森媽媽料理的晚餐」，這樣溫馨的自助餐，就像是到青森人家裡「來去鄉下住一晚」一樣。

以為多麼豪華的自助餐，都比不上可以吃到這麼多鄉土料理的自助餐，在旅館、飯店的自助餐中這次算是最滿意的經驗。

晚餐秀

晚餐

因為住宿的客人很多，一直找不到適合的機會拍到青森屋的溫泉（也是因為前一天晚上小小醉了，哈）。但是戶外露天溫泉居然取名為「浮島」，光這個名字就可以知道這溫泉旅館的溫泉有多氣勢寬闊，泡著溫泉眺望天空、山際，聽著水庭的瀑布聲音是暢快的。除了露天溫泉館內還有整棟以青森檜木搭建的大浴場。

溫泉池、餐廳、晚餐秀場地、屋台、特產店、遊戲娛樂廣場都是一個「大」，之後參加了「摘山菜」和「馬車散步」活動，更是完全體驗到這個旅館真不是普通的大！腹地居然有二十二萬坪！會不會太誇張。

除了主要的住宿旅館建築，以「かっぱ沼」（沼澤湖水）為中心還有「岡本太郎記念公園」「古民家南部曲屋」「古牧教會」「澀澤公園」等等。

在旅館旁還有鐵道，在二〇一三年三月前實際上是有列車通過的，是屬於「十和田観光電鉄線」的路線，可惜經營不善已經停駛，真是可惜。

一早起來在早餐前，跟著看盡旅館盛衰、經營替換的最資深員工伯伯，一起在草地還留有露水、雨珠的山野體驗摘山菜，說是摘山菜其實更像是晨間散步。出發時換上了雨鞋、戴上草帽、揹著藤籃，真是很像農村歐巴桑的Milly，跟著一路健步如飛的老伯伯，走在開著山櫻花的清新山路上。看見山菜時老伯會停下來解說，示範如何採收後會讓報名體驗的客人也能親自摘下野菜。如果不是經由山菜達人老伯的指引和帶路，真是弄不清楚哪一株是雜草、哪一株是山菜。清晨摘山菜體驗有季節限制，可以參加的時期是旅館境內山野大雪融解山菜冒出新芽的春天，大約就是三月底至五月中。

光是摘山菜可能還沒那麼吸引人，可是當知道這摘山菜的活動，是跟在公園內的茅草屋頂民家

摘野菜體驗

炕爐烤香魚

南部曲屋

大灶土鍋煮的白米飯

「南部曲屋」炕爐邊上吃早餐連在一起，就完全是大大吸引不用猶豫就選擇體驗了，這模擬農村民家早餐的體驗稱為「おぐらみの朝～青森の恵みを摘んで古民家朝食」。

在工作人員的指引下以木槌敲打屋前木片後，穿著日本媽媽圍裙的婦人打開農舍大宅迎接的那瞬間，該是這著早餐最美好的序幕。

風味十足的南部曲屋是根據青森民屋傳統工法、結構建造出來，在裡面用早餐完全不像是在餐廳，而是在一個農家民宿中。

早餐有早上摘採的山菜（某些是前日摘採，因為必須去除澀味）和一早就可以吃到的小奢華炭烤青森牛肉。

更讚的是還有以炕爐現烤的整隻香魚，據知炕爐用的炭很講究，是品質好到可以獻給天皇使用的極品「津輕木炭」。好吃的菜餚配上用特選青森「つがるロマン」白米以大灶土鍋煮出粒粒香Q的白飯，更是讓人幸福滿滿，不單單是講究氣氛，更是講究最極致青森食材的早餐。

早餐後離開旅館之前，坐著肥肥健壯的青森屋部長拉的馬車，以另一種節奏來散步廣大的青森屋腹地。

沒錯的，是部長拉的馬車，不過部長是青森種駿馬，青森屋的每隻馬可都是有頭銜而且印有正式名片。在馬蹄嘀答嘀答聲中吃著炭烤的「なべっこ団子」，透過搖搖晃晃的馬車車窗看去的風景格外悠閒。

住宿青森屋期間總是充滿雀躍，似乎有太多的體驗等著自己。

不同季節有著不同節目和體驗準備著，看網頁上還有讓小朋友跟著家人一起來這裡過暑假的農家體驗，像是釣蝦、摘青菜、騎馬等等。想必有了這樣的住宿體驗，小朋友的暑假作業一定會有很多題材可以放入。

大人的話尤其是喜歡日式建築的人，則建議在夏天可以參加一個稱為「渋沢浪漫ツアー」（澀澤浪漫之旅）的體驗，行程包含參觀公園內融合和風的洋館建築「旧渋沢邸」，可以窺看到明治時代優雅的生活殘影。這建築最有意思的部分是，洋館與和館微妙的連結在一起，明明是這樣突兀的增建，卻能非常技巧的融合一體，非常精采。

青森屋或許不適合一個人悠悠然然的渡過溫泉假期，卻非常適合三五好友，尤其是一家大小一起住宿，如鄉土主題樂園般讓一家時時展現開朗笑聲。

旧渋沢邸

CHAPTER 9 | 櫻花下的「十和田市現代美術館」

住宿在大型溫泉觀光旅館青森屋，整個住宿體驗過程 Milly 都有著正在為大家族旅行勘景視察的感覺。不過接著要住宿的奥入瀬溪流 HOTEL（星野リゾート 奥入瀬渓流ホテル），Milly 就再次恢復到一個人旅行的節奏。

不過住宿奥這旅館之前，先繞去了「十和田市現代美術館」。

PS：前往奥入瀬溪流ホテル可以利用預約的「八戶站～HOTEL」「新青森站～HOTEL」接駁車，奥入瀬溪流ホテル和青森屋之間也有互通的接駁巴士。

十和田市現代美術館是十和田市府於二〇〇五年推動的「アートを通した新しい体驗を提供する開かれた施設」Arts Towada 計畫中的重要設施，常設展有草間彌生和奈良美智等三十二組作品，不少作品放在美術館周邊的戶外，不用買票一樣可以觀賞，包括公園草地上草間彌生的點點南瓜和建築牆上一眼就可以認出的奈良美智特色繪圖，這奈良美智的畫作名稱是「夜露死苦ガール二〇

日本椿昇的紅螞蟻「aTTA」

一二」（請多指教！女孩二〇一二）。

PS：夜露死苦的發音是よろしく，這樣寫成漢字是暴走族的獨門作法。

其中絕對不會忽略也是雜誌介紹十和田市現代美術館時一定會放入的，則是戶外的巨型花花馬雕塑，這名稱只是Milly為了方便記憶而取的，作品正式的名稱是「フラワーホース」（Flower Horse），創作者是韓國現代藝術家崔正化（Jeong Hwa Choi）。

仔細看會發現那高五．五公尺的躍起駿馬，全部布滿鮮豔花朵浮雕，馬頭對著的位置正好是官庁街通り（別名：駒街道）。

Milly前去時駒街道兩側櫻花正滿開，粉紅色的櫻花輝映著花花大馬，簡直是一幅可以框入畫架的美景。

除了這美麗大花馬，在美術館內也有經常被介紹的巨型黑衣歐巴桑雕像，出自澳洲現代藝術作家Ron Mueck之手，作品名稱是「Standing Woman」。

奈良美智的「夜露死苦ガール二〇一二」及英國Paul Morrison的「Ochrea」

十和田市現代美術館最大的特色是跟街道融成一體，同時美術館是由好幾個玻璃箱、幾何圖案的白色盒型建築所連接組合而成。建築設計來自同樣設計金澤二十一世紀美術館的西澤立衛。每一個獨立展示室被稱為「アートのための家」（為藝術而生的家），同時以玻璃迴廊連結。

一共有這樣十六座獨立空間，有的是作品展覽空間，有的是咖啡屋、圖書館、社區聯誼中心等等，據說設計概念也蘊含著建構美術小鎮的意念。

已經是非常美麗的美術館，但是建議如果可以還是在櫻花盛開的季節前來，勢必可以擁有超凡的視覺饗宴。

不是櫻花滿開的時節，或許也可以在積滿厚雪的冬季前往，白雪映著白色建築、大紅昆蟲、色彩繽紛的大花馬，同樣是美到不行吧。

十和田市現代美術館網址
http://towadaartcenter.com/web/towadaartcenter.html

韓崔正化的 Flower Horse

草間彌生的「永遠的愛，在十和田歌唱」

9 | 新綠寸前的奧入瀨溪流 HOTEL

在奧入瀨溪流 HOTEL 這家號稱是奧入瀨溪流畔唯一的度假飯店，讓 Milly 憧憬的是大廳面向溪流的大落地窗咖啡屋「lounge 森の神話」、咖啡屋正中央垂掛的岡本太郎青銅爐罩，以及在冬日夜晚燃起柴火的火爐。可是明明是可以憧憬的住宿，卻總是聽住宿過的朋友說，其實還好！房間舊舊的，除了四季美麗的溪流風景和氣勢的火爐外，不過就是老式的溫泉觀光飯店。

因此說實話，在實際住宿前也沒抱多大期待，一心只想讓自己在五月初鮮嫩的溪谷新綠風景包圍下，度過一個放鬆於潺潺流水聲的日本東北假期。

如果可以，更想在紅葉秋日前來，畢竟奧入瀨溪流最美還是在色彩繽紛彷如油畫風景的秋色。但是這趟東北旅行又想看盡櫻花美景，自然只有新綠才可以順著季節排入行程。

可是人算不如天算？原本當日本黃金週人潮退卻後，奧入瀨溪流就開始迎接這一年的

新綠。可是Milly前去的五月七日奧入瀨溪流林木卻剛剛開始冒出新芽，真正最美的第一波新綠似乎要在一週後。

當車子進入奧入瀨溪流穿越山林中，看見完成度不過是一〇%的新綠多少有些失落，好在這失落很快的被另一個意外給填補，同時還加送了一個預期外的新感覺體驗。

原來在Milly住宿的一個月前，也就是二〇一三年的四月，奧入瀨溪流ホテル才剛剛完成大範圍的翻修工程，原本被詬病的老舊房間經過重新設計、裝潢，轉換為上質度假旅館的樣式，脫離了老舊觀光飯店的制式化印象。

新裝修推出的房型是「摩登和室」，地板不是榻榻米而是粗麻編織的格子模樣地毯，可以打著赤腳輕鬆有如在家中走著。睡床是洋式，可是整體氣氛依然飄散著和風典雅情緒，或許是主體顏色用得很東方，和紙的燈具和櫥櫃等也演出日本風情。為了讓客人可以更放鬆，在抱墊上也下了些小工夫，原來

是加入了青森木質香氣的「檜葉」。

窗外是隔著樹林和草地的溪流，屋內寬敞舒適，沒有放入期待的房間卻是這次住宿最滿意的部分。

房間除了舒適外裝潢也放入了奧入瀨特有的元素，像是入口處放置和風盆栽的座子就是以溪流波紋為造型，床頭木料更是採用了象徵青森的蘋果木、檜木和山毛櫸木。

除了房間質感提升讓對好感度大增外，預期外的新感覺體驗則是帶著溫柔禪意的「苔自在」時間。

正如前面所說，原本期待可以在新綠初春氣氛中度過奧入瀨溪流ホテル兩天一夜的舒適假期，可惜住宿期間還差一步才會進入新綠季節，同樣因為天氣不如預想溫暖，原本期待在溪畔的早餐也延後開始的日期。

儘管如此，原訂的溪谷健行則照原計畫進行，奧入瀨溪流總長十四公里，大約兩小時的行程只取最容易行走、風景最有特色的一段。

先是搭乘車子來到石戶（石ケ戶）巴士站牌附近，之後路經命名為「平成の流れ」「阿修羅の流れ」的水流景致，走到「馬門岩」終點則可以看見壯麗的「雲井瀑布」。

跟著溪谷導覽員沿著溪谷旁的步道健行，在涼爽透明的空氣中步行在楓葉、扁柏、山毛櫸等天然林木包圍的蜿蜒溪谷畔，除了欣賞寧靜悠然的溪谷風景、時而平緩時而湍急溪流外，還可以觀察野鳥和可愛的野花叢。

原本新綠是溪谷健行的愉悅重點，林木風貌不充分的情況下，非常喜歡觀察苔蘚的山林溪谷導覽員就引導大家將目光從平行的森林瀏覽改為略略俯身低頭的苔蘚觀察，同時提供觀看苔蘚專用放大鏡去體驗有些禪意的苔蘚小宇宙。

據導覽解說，四季各有美景的奧入瀨溪流，從火山噴發到形成現在的美好景觀，幕後的功臣其實正是不起眼的苔蘚。

而且奧入瀨溪流近期還被選為「日本の貴

重なコケの森」（日本珍貴苔蘚森林），目前日本全國有十九個地方被如此認定，而在青森縣內，奧入瀨溪流是唯一入選的區域。

正是如此，雖說沒能充分享受到新綠清新美景，Milly 卻意外的體驗了作為「苔ガール」的樂趣。

苔ガール

繼「森林女子」（森ガール）、「登山女子」（山ガール）、「歷史女子」（歷女、歴史大好き女子）後，日本正悄悄的誕生了一些喜歡低調氣氛、在旅行中觀察苔蘚的女子，這些喜歡苔蘚觀察的女子就被稱為「苔ガール」苔蘚女孩。

溪谷健行的尾聲是清涼的雲井瀑布，吸收了很多大自然的 power 後，由真的很喜歡很喜歡植物的型男導覽，選擇了一處可以歇息的溪邊，以加熱的甘甜湧泉為大家現沖好喝的湧水珈琲。

奧入瀨溪流ホテル的這位型男導覽是自然風光豐富雄偉的北海道出身，可是一來到奧入瀨就被這裡新綠的嫩綠枝葉給吸引，於是決定留在這裡工作。

根據他的推薦，奧入瀨溪谷最美的時節是溪谷新綠初期那短短的五至七天，那透明的綠意讓人無法抗拒。

他同樣是大大的苔蘚喜好者，總是以非常憐愛的表情，看著那些小小的容易錯過的苔蘚，同時述說苔蘚的生態和名稱。Milly 原本就很喜歡苔蘚的小世界，經由他對苔蘚「深情」的介紹，就更能進一步的愉悅在苔蘚這不起眼卻溫柔的世界中。

對於奧入瀨溪流ホテル的印象，應該不會缺少面對溪谷的咖啡屋ラウンジ森の神話。挑高四樓的寬敞氣勢空間、垂掛的歐風吊燈、觀景窗望向溪谷一覽無遺的悠然好風景，自然是一大特色，更大的注目點則一定是位在正中央火爐上方，高八・五公尺藝術家岡本太郎的青銅作品「森の神話」（森之神話），另一座同樣氣勢的岡本太郎青銅作品是西館的「河神」。

為了能充分度過在美好空間的時光，Milly提前在中午就來到這旅館咖啡屋，首先是享用頗受好評的蘋果風味咖哩飯午餐。

咖哩飯在辣味的香料味中可以吃到甜甜的果實味道，配上豐富的蔬菜是很開胃的料理。

這咖哩飯不但用了蘋果蜂蜜調味，還加入頂級的紅玉蘋果，該是在青森才能吃到的道地當地料理。

餐後點了熱咖啡。這咖啡會先讓客人自己手工研磨特選的丸山咖啡屋豆，之後再用法國咖啡濾壓壺以八甲山湧泉沖泡端上，一旁

岡本太郎「河神」

還放上以溪谷苔蘚為靈感的「苔涼し」和菓子點心。

只是菜單上的蘋果糕點實在太誘人，於是又點了名為「幸福林檎のミルフィーユ」（幸福林檎的千層酥）的甜點。

是以一層蘋果一層酥皮夾著好吃奶霜的糕點，端上來已經是引人雀躍，因為真的是好漂亮的模樣，一口吃下去，香脆帶著些許微酸甘甜的蘋果配上奶霜酥皮更是口味契合好好吃，真的有點心名稱中的幸福感。

另外以「りんごのクリスタル」命名的蘋果點心也是好漂亮，可是就沒太放縱自己再吃一份。

晚餐後再次來到這個館內最浪漫的空間，爐火的火光輝映著窗外打上燈光的樹林，又是一個迷離夢幻模樣，真想就這樣一直坐著享受著那非日常氣氛。

岡本太郎「森の神話」

{9 | 溫泉+美食是幸福的絕對方程式}

溫泉旅館有可以看見天然瀑布和溪谷的戶外溫泉應該是很罕見的，如果說這露天溫泉還必須搭五分鐘的車才能到達那就更特殊了，說是外湯也真的是太外面了吧。

奥入瀨溪流旅館在原本的大浴場「展望岩風呂」外，還有一個可以眺望絕景「九重の瀧」的露天風呂「八重九重の湯」，而且還是完全獨占、只有旅館的客人才能利用的設施，當初旅館的創業者是怎樣決定又怎樣取得這樣的獨占特權，真讓人好奇呢。

有這麼特別的溫泉自然想去嘗試，問題是這戶外溫泉居然是混浴。

的確是分成男湯女湯，但就只隔了不能稱為隔牆的界線，基本上視為混浴較好。

為免尷尬，女生的更衣室內準備了入浴專用浴袍可以遮掩，但男生不就是光溜溜的，不是一樣讓人遲疑？

好在為了免除這疑慮，每天六點、下午六點、晚上九點的時間是女生包場。

這樣就沒有放棄的理由，一大早就來到大廳集合，跟著一大團韓國太太搭乘專車前往

泡湯。

為了能拍下沒有入浴身影的風景，Milly第一時間就下車，同時趕在韓國太太還在亢奮試穿入浴外袍時，立刻拍下那可以眺望九重瀑布的露天浴池好風景。

之後再去脫衣間脫衣，然後用視覺來享受這難得的泡湯體驗。

（Milly跟另外兩位日本太太一樣不穿入浴袍，畢竟都是女性！而且穿衣服泡湯真的很不舒服。）

冒著湯氣帶著些粉藍色澤的溫泉浴池就位在瀑布邊的山林地上，因此不但可以貼近的看見如其名般一段段流洩的氣勢瀑布，也能聽到瀑布水音，不時還可以聽見野鳥叫聲。

空氣是清涼的，溫泉是溫熱的，放眼看去是絕景，耳邊聽著晨風帶入的森林聲音，真是至福的一刻！

若要說有些遺憾？可能就是希望綠意更濃，還有那一行十多人的韓國媽媽團真是太～～有元氣了！不但一直高聲談笑，有的還帶墨鏡泡湯拍照呢。

住宿溫泉旅館沒有美食，怎麼都不能算是完整。

旅館內有一個自助餐的大餐廳「紅山」，以能吃到豐富青森地產精選食材料理為特色，Milly則是選擇了早、晚餐都在「奧入瀨餐廳」（レストラン奥入瀬）享用季節套餐。

晚餐是季節限定、可以吃到青森三大和牛的「肉料理」套餐（青森三大牛の食べ比べ膳），三個品種的牛肉依照特性提供不同部位，以火山石板炙烤。倉石牛是霜降肉，八甲田牛是吃油脂較少的紅肉，小川原湖牛就是帶著些脂肪的部分。Milly的嘴巴沒那麼刁（笑），三種牛肉以為同樣肉汁甘甜非常好吃，差異大概就是口感有所不同，八甲田牛較有咬勁，倉石牛肉味特別鮮甜，肉質也較細緻。

牛肉是主角的一餐，但是其他以初春為印象的前菜、湯品和山菜都可以看見、可以吃到料理長乙部春夫先生的功力。

有好料理自然就想要有好酒搭配，在主廚推薦下先是喝青森地產的白葡萄酒「輕津ソ

ーヴィニヨン・ブラン」（Tsugaru Sauvignon Blanc [2011]），葡萄是青森地方百分之百栽種，每年最多只能生產約一千三百多瓶的限量白酒，特色在於滑順好入口的清爽酸度和清新百香果的香氣。

之後當開始吃牛肉時，就以有漫畫人物標貼的紅酒「下北ワインRyo」佐餐，是強調絕對不使用除草劑的有機青森地產紅酒，幾乎喝不到太多的澀味，果實味很充分。別看那像是漫畫插圖的酒標就以為這是一瓶很隨意的紅酒，上網看看評語都還不錯。至於酒瓶上的小孩插畫是誰呢？據說是會長的孫子。

早餐最期待自然還是那用土鍋炊煮的新米「つがるロマン」白米飯，而且一來就是一鍋香噴噴熱呼呼的白飯，可以盡情吃到過癮。早餐菜色卻是異常豪華，居然出現了海膽、鮪魚肚、鮭魚卵、たらこ～，原來青森三面環海，這些海味本來就會出現在早餐餐桌上。

房間舒適、料理好吃、風景優美、款待溫暖，奧入瀨溪溫泉假期是愉悅的回憶。

CHAPTER 10

往返十小時 只為三春櫻

MIHARU TAKIZAKURA

三春櫻（三春滝櫻），多年來持續想去探訪的一本櫻。

尤其是三一一之後，那渴望探訪這株東北地方福島縣一本櫻的期望又更深一層，以為只要三春櫻依然能以充沛的生命力綻放，這受到苦難的地方就會有希望。

日本三大櫻花分別是岐阜縣根尾谷淡墨櫻（樹齡一千五百年）、山梨縣山高神代櫻（樹齡二千年）和福島縣三春滝櫻（樹齡一千年），如果可以，自然是希望三大櫻花都能完成探訪，不過最有緣分的似乎就是三春櫻。

二〇一三年四月十四日。

手上的十四日 JR PASS 可以使用的最後一日。

四月十四日這天必須回到大阪，十六日預計從關西機場返回台灣，結束三星期旅行，前一晚住宿在滋賀的長浜「季の雲ゲストハウス」，這時卻在網路上獲知前一年到了四月廿七日才宣告滿開的三春滝櫻，今年居然在四月十三日就宣布即將進入滿開。

於是在沙盤推演後決定放棄原訂行程，以長征動線掌握跟三春櫻見面的最佳時機。

因為實在是大距離移動，Milly 還私下以「十小時的萬元櫻花大行動」來命名這次探訪，名稱是有些俗氣（笑），跟那日看見的雄大莊嚴三春櫻實在印象不符。

前進動線是在長浜搭上第一班列車前往米原，從米原搭乘新幹線到名古屋後，換乘新幹線到達東京，從東京繼續搭乘新幹線到達郡山。之後搭上普通列車前往三春，到了三春後再搭上期間限定的賞櫻接駁巴士前往三春櫻的所在地。

接駁的臨時巴士「滝桜号」一日券是一千日圓，如果不利用JR PASS，光是這一趟大約估計就要一萬八千日圓以上，時間耗費約五小時半。

回程從三春殺到大阪，又是超過五個小時的行程，車費逼近二萬日圓。

要不是利用了那期間內不限次數搭乘的周遊券，為了一株櫻花付出這樣的代價也真是太奢侈了。

當然目的並不是一株普通的櫻花，而是千年一本櫻，更是獨一無二的三春櫻。

當看見在斜坡上傲然佇立、洋溢生命力伸展枝幹滿開的三春櫻時，所有的旅途疲累都可以拋到一邊去，以為一切都是值得的。

三春櫻樹高十三．五公尺，根長十一．三公尺，枝幹九．五公尺，是粉色的紅枝垂櫻。號稱是日本最大的枝垂櫻，滿開時花枝伸展垂近地面的姿態有如粉色瀑布飛泉般璀燦，因此美稱為「瀧櫻」。

怎麼說都是千年名物大櫻，通往三春櫻的動線被縣內縣外、走路的開車的、日本人外國人的隊伍擠得滿滿的。如此的人潮和喧囂都不能減弱三春櫻的美好，主要還是三春櫻真的很雄偉，同時還加上地形的恩賜吧，即使是樹下環繞著人潮，很多時候很多角度站在花下，依然可以感覺自己可以跟三春櫻擁有獨自的世界，或是大櫻在前一切都變得渺小而可以忽略。

Milly其實沒有刻意遷就角度，卻依然可以拍到頗完整的櫻花姿態。因為是在山丘上，更可以從不同角度來看這株大櫻，俯瞰、仰看、左側、右側，都是如此的美麗。

奇妙的是如此氣勢中顯出孤傲的大櫻，站在樹下時卻可以從那因微風而搖曳的花枝上感受到被包容的溫暖，如此的莊嚴卻是如此的慈愛。

這時，一個意念浮現。
日本如果抽去了「櫻花」，該會是怎樣的一個國度呢？日本人的思想、哲學和精神，又將會是怎樣風貌？
沒有櫻花的日本，很難想像。

往返在日常中擁抱三春櫻的三春町，發現整個區內到處可見美麗的大型垂櫻，這些姿態優美的大垂櫻放在其他區域都必定是第一女主角，可是在三春櫻的氣勢之下就都只能當有多餘時間才能分配到讚美的配角了。

除了提供賞櫻期間的接駁車服務外，三春町區役所更在網路上、車站顯眼的地方公布「滝桜周辺の放射線量」，宣告輻射污染的安全性。

在很多人一聽見福島就直覺卻步的時候，福島的三春櫻卻依然能吸引成千上萬的遊客，當地人的心中也許百感交集。

但藉此或許更能體認大自然在以猛烈災難奪取生命的同時，也會以同樣的力量給予人們生命的啟示和勇氣。

三春櫻在此俯瞰人們悲歡離合的故事已有千年，期望也能這樣繼續下一個千年守護。

三．一一

二〇一一年的三月十一日後，三一一就不單是三個數字，而是很多人悲傷的回憶。

CHAPTER 10 ｜ 二〇一三年五月十一日探訪三一一

頑張ろう！日本。

頑張ろう！東北。

三一一之後在日本各地旅行，都可以看見這些字樣，出現在海報上、列車上。

實際走入東北則是二〇一一年的兩年後。

二〇一三年的五月十一日從東京搭上新幹線前往仙台，計畫路線是從仙台搭乘主題列車「リゾートみのり」，經東北本線前往小牛田，從小牛田以石巻線經「前谷地站」前往「石巻」。接著從石巻站以仙石線來到「矢本駅」，再從這裡搭乘替代巴士到達松島的松島海岸站。

為什麼最後一段要轉搭巴士呢？自然是因為受到海嘯、地震影響，路線被沖毀，在二〇一三年五月十一日「矢本駅—松島海岸駅」依然無法行駛的關係。

東日本大震災三一一於二〇一一年的三月十一日發生，被海嘯波及受害最重的地區有宮城縣和岩手縣的陸前高田市、大槌町、釜石市、山田町、大船渡市。

Milly不是要記錄什麼，也完全不敢企圖去寫出什麼報導文學，單純的只是想用自己的眼睛去看看三一一殘酷的爪痕。

從二十多歲開始踏入日本旅行，多年來Milly從日本這土地獲取了很多美好的回憶，受到很多人的溫馨對待，邂逅了很多充滿夢想和生命力的人們。

於是總想至少該實際踏上那些土地，用自己的眼睛留下記憶，或許只能算是小小的敬意，對於那些為了自己家園持續努力的人們。只是想用這段文字，記下那一天自己看見的、感受到的片段。

在仙台車站三樓以「絆」命名、以復興聲援為使命的商店外，看見立牌上手寫著「從那一天開始到今天是兩年兩個月，我們不會忘記那一天的震災」（あの日から二年二ヶ月、私たちはあの震災を忘れない）。

的確對很多人來說，三一一已經是只在每年紀念憶起的過去，甚至可能會有人說何必每個月的十一日都要往回計算那一天已經過了多久，怎麼不試著丟下悲傷大步向前？可是對家園和親人被奪去的災區居民來說，三一一不會只是那一天的事情，不會是過去式而是永遠的現在式，是永遠跟隨著自己生命的傷痛。對大部分的人來說，三一一只是一個過程，包含Milly這樣的海外過客，但對於災民來說那卻已經是「生活」。

以受災城市來說，仙台是最大都會，自然就會成為訊息和資源的窗口。

在「絆」（全名：絆~がんばろう東北）復興聲援商店內，可以買到記錄災區的攝影集、居民做的工藝品和寫上「希望」「感謝」的地產味噌等，是來自以宮城縣為中心的東北六縣，商品大約有三百種以上。

門前會不斷更新收益的金額，同時強調所有收益全數作為義援金送至災區。

不過慚愧的是即使想完成踏入那土地的祈願，Milly依然不忘在旅途中體驗讓自己雀躍的主體列車，畢竟也不想把這次探訪弄得太悲情。其實說真的，與其付出無謂的悲情，

還不如來到東北愉快的觀光、旅行，如此一來對恢復地方活力更有助力也說不定。像是JR東日本推出的「行くぜ、東北。」推廣企劃，整體意念就很清新明亮，有facebook喔可以上去按個讚（https://www.facebook.com/ikuzetohoku）。

在仙台車站短暫逗留後，就繼續搭乘「リゾートみのり」，從仙台往小牛田前去。

リゾートみのり是振興推廣東北觀光的度假行樂列車，路線是仙台出發，一路經由「鳴子溫泉」「赤倉溫泉」，終點站是「新庄溫泉」。

Milly則是單純想體驗這車頭彷彿聖戰士的列車，計畫在到達小牛田後再繼續前往主要目的地石卷。

車頭的設計是仿造跟仙台極有淵源的武將「伊達政宗」的頭盔，車廂內的紅色花紋座椅則是想凸顯沿線的楓葉美景，車廂本身的深紅色同樣以紅葉為概念，金色線條則是象徵收穫的金黃稻穗。

PS：リゾートみのり是臨時列車，排入行程前需要上網確認行駛日期。從仙台出發的主題列車還有造型很酷的「快速ジパング平泉号」，是仙台至盛岡間的臨時列車。

其他像是「DL・SL宮城・石巻復興号」「SL湯けむり復興号」，也會依照季節不定期推出，配合旅期可以參考JR東日本的網路訊息。

此外如果想更貼近受災區，還有所謂的「復興支援巴士團」，有隨團導覽說明災區狀況，行程大多包含陸前高田的「奇跡の一本松」，也會安排到災區臨時住宅設置的商店參觀。

仙台至小牛田不過是四十多分的距離，喝著在「絆」復興聲援商店購入、印有「頑張ろう！日本。」的蘇打水，一轉眼就必須下車了。

小牛田車站月台還有站長領著站員，拉著歡迎布條迎接人數不多的下車乘客，對小牛田不熟悉，根據資料稱得上觀光點的似乎只有可以保佑安產的「山神社」和「保土塚古墳」。

因此唯一可以掌握的樂趣，就只是將入站的不同車廂圖案漫畫列車拍下收藏。

リゾートみのり列車

{10 | 石卷復興中}

漫畫大師石ノ森章太郎（石之森章太郎）出生於宮城県登米郡石森町，但是因為學生時期就經常騎兩三小時的自行車到石卷市的戲院看電影，之後更將石卷視為第二故鄉。有此淵源，於是石卷市內不但有一座外觀如同飛碟的石之森漫畫館，石卷市從車站到商店街處處可見石之森章太郎漫畫人物的造型雕像，石卷線上的列車也都有著異常搶眼的漫畫人物圖案。

在黃金週、暑期等連假期間，會有臨時漫畫列車從仙台直達石卷。這漫畫列車原本是在二〇〇三年開始行駛於仙石線，目前為了強化觀光資源，石卷線也有固定班次行駛。

Milly不熟悉石之森章太郎的作品，對那有著蒼蠅複眼的假面騎士、造型頗帥的人造人九九九多少有些印象外，大概就知道他在漫畫界有著極高的地位，甚至作品量還保持著金氏世界紀錄。即便如此，自稱為鐵子的Milly一看見漫畫車身的列車駛入月台，還是會情緒亢奮，不將車身每一個角度拍下、不

收集到不同圖案的列車就不能罷休，該是血液中的鐵分作祟。

為了強化石巻漫畫之城的特色，也寄望以漫畫這主題作為震災復興產業的一環，二〇一三年三月廿三日石ノ森萬画館在整修後重新開放，石巻線的漫畫列車也擴大規模，有四種不同的漫畫塗繪列車。

或許就是漫畫帶來的活力印象，當Milly步出石巻車站，眼前所見就是一般中型車站的商圈規模，一時間感受不到石巻市在東日本大震災中是死傷人數最多的重災區。

直到Milly在車站邊上的觀光案內所拿了地圖，跟著地圖路線通過商店街前往石之森漫畫館的路上時，才一點點的窺看到海嘯破壞的威力和這城市努力復興的毅力。

從石巻車站往商店街走去，很快會看見一個以臨時搭建組合屋營業的「石巻立町復興ふれあい商店街」，那天是母親節，義工們還熱情的送康乃馨給入內參觀的客人。

在這裡可以吃到石巻鄉土料理，買到海產加工品，有理髮店也有電器行、服飾店，很多都是原本在商店街擁有店鋪的老闆在此重新開設的。

雖然不能恢復昔日商店街的模樣，但希望這會是一個可以跟外地人交流、本地人聚集聊天的地方。

石巻立町復興ふれあい商店街有二十多間店鋪，Milly在一間門口手繪有可愛麵包師父

石巻立町復興ふれあい商店街

的麵包店「手造りパン工房パオ」買了一個好好吃的麵包。

女老闆笑容滿面的說：「謝謝！」看見這樣有力量的笑容，說感動或許很廉價，但是真的很感動，明明自己是想幫災民打氣，卻反而像是被他們給打氣了一樣。

麵包屋的女老闆阿部信一的工廠和店面都在海嘯中毀去，現在的店面可能跟原有事業規模相差很大，但還是以信心和誠意烘焙出好吃的天然酵母麵包。

女老闆拿出新聞簡報和寫真報導雜誌，指著海嘯肆虐後照片說著：本來的麵包店是在這艘被海嘯衝上岸的船附近呢！說這話時臉上依然是充滿力量的笑容。

從車站步行可以到達的還有靠近北上川岸邊的「石巻まちなか復興マルシェ」（石巻市區復興市場），看見裡面的食堂「石巻うまいもん屋」內有不少遊客，正在食欲滿滿的吃著分量十足的海鮮蓋飯。一些來訪的客人是自己開車來的，有的則是跟著災區探訪旅

石巻市區復興市場

行團前來。

但 Milly 相信這裡的店家更希望的，不單單是大家以消費來支持災區重建，更能發自內心以為這裡的料理真是好吃。

想起看到的一則報導，三一一災區一直受「風評被害」所苦的漁夫農夫終於發出了微弱的怒喊，希望從今而後他們辛苦捕獲的海產、辛苦栽種的農產，不要再只是被強調是「安全」的，更迫切期望能以最根本的「好吃」「新鮮」來獲取消費者的支持。

的確，那些讓我們漠然的一成不變的日常，卻是災民最渴望擁有的也不一定，災民失去的正是那最普通的日常。

同樣的熱情傳遞同樣充滿能量的笑容，在商店街空地上的炒麵移動咖啡屋也遭遇了。跟年輕老闆買了外帶的炒麵，知道 Milly 是台灣來的，立刻爽朗的一笑加上一個鞠躬，大聲的說出對台灣的感謝。

在等著炒麵料理完成中，Milly 將一直放在心中的疑問道出：「請問這快餐車停放的空地，原本是房子嗎？」「是啊！原本的建築被海嘯摧毀，之後都清除或是拆掉。」「海嘯有侵入到商店街嗎？離車站這麼近的地方？」「水都高到快二樓了！」之後還指著前方的商店街人行道拱廊，說都已經淹到拱廊的頂部了，果然仔細看去，拱廊的屋頂都還留有破損的痕跡。

原來是這樣的，過了兩年多了，石卷車站的周邊已經大部分清理完成，從車站走向商店街的一路上，那令人覺得不自然的建築間距和空地，那街道的違合感，原來是因為將毀壞清除掉了。在即使有些蒼涼但依然乾淨的市街裡，隱藏著一個個失去家園失去親人的故事，**沒有看見的悲傷未必是已經療癒的悲傷**。

炒麵移動咖啡屋

在石巻市不長的滯留時間，印象特別深刻的是那些藝術療癒人心的畫面。

首先是在商店街尾端看見，遠遠就注意到的一大幅色澤鮮豔的壁畫，被吸引著向前一看，居然看見熟悉的字樣「台湾」。

原來是「新台灣壁畫隊」的作品，壁畫上的香蕉船象徵著台灣曾經是很大的日本香蕉輸入國，四周有些生化人，是因為這裡有石之森萬畫館的關係，而那個大大的「立」字則是希望大家能重新站起來。回來看資料才知道，這樣的藝術創作在石巻有三處，Milly只是遇上了其一。

後來更搜尋到這條新聞：由台灣視覺藝術創作者組成之台灣壁畫隊將於五月一日至五月五日前往日本宮城縣石巻市石之森萬畫館，與日本神戶藝術家合作，以「行動美術館－蓋白屋」的藝術創作方式進行文化交流，用藝術陪伴日本三一一災區民眾，溫暖災區民眾心靈。

原來在Milly前去的一星期多前，有這樣一個溫馨的藝術共同活動，至於那時看見的壁

新台灣壁畫隊作品

渡波的微笑

畫是二〇一二年八月留下來的，上面寫著春天的約定或許就是二〇一三年五月會再來石卷的承諾。

後來在一個空曠水泥地旁牆上也看見一大面花朵綻放的壁畫，對照資料應該不是「新台灣壁畫隊」的作品，可能是災後黑白灰沉的建築上出現色澤鮮豔的壁畫帶來了生氣，於是當地居民也自主的在牆畫上顏色。

在花朵壁畫旁邊的建築內，Milly 看見了一些孩子的創意作品，以「watanoha smile project」渡波的微笑為名展出，參與創作的孩子來自石巻市渡波（ワタノハ）地區，於是以此命名。

材料居然都是在避難所滯留期間，漂流到校區的一些殘骸碎片。

這些作品讓大家感動的是，在這樣惡劣的避難生活中，孩子們居然可以做出這樣充滿希望和快樂的作品。作品持續在日本各地展示，帶領這個計畫的造型作家犬飼とも先生也曾經帶著孩子們前往義大利博物館展出。

當地人的壁畫

那天 Milly 看見的是石巻市內「ピースボートセンターいしのまき」內的常設展覽作品，就是說來到石巻就一定可以看到。

CHAPTER 10 | 代行巴士車窗外

據說仙石線全線通車要到二〇一五年中之後，三一一之後因為高城町站至陸前小野站之間依然不能通行，因此松島海岸站至矢本站需以代行巴士接駁。

Milly 刻意選擇從石巻站搭乘巴士前往松島海岸站，自然是想親眼看看這條鐵路沿線的受災狀態。搭乘時同樣是使用「JR EAST RAIL PASS 東日本鐵路周遊券」（PS：利用的是二〇一三年六月前還存在的 JR EAST 普通艙彈性四天周遊券）。

從石巻站搭上列車，十三分鐘後到達矢本站，站內工作人員引導乘客搭上車站外的大型巴士。目前一個小時大約有一至二班巴士，在松島海岸站及矢本站之間運行。

重建的仙石線路段會將受災最嚴重的「陸前大塚站～陸前小野站」路段往內陸移動，路線標高也從二公尺升高為廿二公尺，同時會減少平交道，記取三一一因為放下平交道欄杆而導致交通受阻的教訓。

那天是陰雨天，搭上巴士後更是下起濛濛細雨，窗外看去盡是灰濛蒼涼風景，心情也隨著低落下來。

不時可以看見海岸附近的平地上只剩下幾戶殘破房舍，因為不知道原本房舍的密度，只是擔心著、遺憾著，那些空地上原本或許都是住家，正如石巻市那些房屋和房屋間的空地一樣。

巴士依照原本車站的站名設站，只是即使代行巴士路程是為了替代受災的路線，但是並非整條路線的受災程度都一樣，因此會看見某些路段上都是清除後的荒地，可是一個轉彎後出現的可能卻是完整的住宅區。同一條路線卻承受完全不同的海嘯波，悲劇和倖免於難可能只是一個彎道的差距。

在大自然之前，人是如此渺小，因此更該尊敬大自然。

整個搭乘過程中，最讓 Milly 動容的是窗外看去野蒜站鐵架整個傾倒的模樣，海嘯當時的威力可見一斑。這些都還是義工、工作人員連日清理後的狀態，當時的慘狀不能想像。

當巴士到達熟悉的松島海岸站，雖說觀光區松島表面上似乎沒有太大變化，但是一路下來真的很難維持觀光心情，沒多逗留，下了巴士後就立刻走進車站，搭上往仙台的快速列車。

這一日短短的旅途，看見的或許真的只是三一一災區的極小部分。

離開那裡，一樣的日常依然繼續。

不願矯情說自己會深記這一天的記憶，畢竟人的健忘、自私、本我是超過自己願意承認的。

只想說，在三一一之後，日本或許已經變成了兩個地方，一個是三一一沒有波及的地方，一個是三一一波及的地方。

海嘯摧毀的鐵道

CHAPTER 11

因為是京都，因為是東京

KYOTO AND TOKYO

～ならで

獨特的、特有的、個性化的。

京都ならでは、東京ならでは

京都特有的、東京特有的。

一個地方、一個城市，因特有的風情和節奏吸引旅人。

想去讚歎那些無法比擬的特質、美學和品味，更想或許可在當地人視為理所當然的日常中旅行。

CHAPTER 11 在東京週六夜行來到週日的京都

KYOTO AND TOKYO

在東京車站八重洲口的ヤンマーディーゼルビル大樓前，搭上東京往京都的夜行巴士。幾次的夜行巴士經驗都是即使搶了時間、省了旅費，身心卻是難免疲累。

於是這回決定多提高些預算，預約號稱座椅可以伸展到更接近睡床的夜行巴士，總算可以較為舒適的在睡夢中從東京移動到京都。

為了讓這夜間的移動更有樂趣，能將負面轉換成期待的正面，Milly 在搭乘巴士前還特別去了東京車站附近的都會立食酒吧「UOKIN PICCOLO 銀座店」，愉快的喝著冰鎮的白酒配上法式鹹派，寄望或許可以在微醺中減少些侷促在座椅空間內不可避免的不適。

不過能比往常更愉快的等待夜行巴士的最大原因，還是因為到達京都後有個美好的體驗在等待著，是週末假日限定的享受。

在晨光初透的六點前到達京都車站八条口，當晚預約了跟八条口相連的「ホテル近鉄京都駅」（HOTEL 近鐵京都站），如此就可以立刻寄放行李，也可在洗手間簡單洗個臉舒爽一下，然後在大廳無線上網確認之後的行程。

之後穿過南北自由通道來到面向京都鐵塔的京都車站正門，這時京都車站送給了 Milly 只有在清晨才能經歷的美好風景。

一天大部分的時間都擠滿各地旅人的京都車站，這一刻在天光灑入下卻是如此的寧靜而祥和，如同神聖莊嚴的聖堂般。

在站前巴士站搭上往二〇六號巴士，三十分鐘後在「千本鞍馬口」下車。因為是很喜歡的京都老屋街道，幾乎每次來到京都都會前來，於是第一次遭遇如揮不去夢靨般的迷路已經不再，可以很順利的沿著鞍馬口通走向目的地「船岡温泉」。看看時間八點過了十分鐘，以石壁古松和滿開杜鵑襯托的氣派建築前已經停了些腳踏車。太好了！的確是開放中。當日是五月十二日（週日），「船岡温泉」平日是在下午三點後才營業，只有週日和假日才提前於上午八點開始營業，正是有這樣的大好週日限定福利，Milly才更能愉悅的期待著以夜行巴士從東京來到京都。

PS：日本在往昔很多大眾浴室都是以XX溫泉為店號，因此即使「船岡温泉」以溫泉自稱，卻不是有天然溫泉的設施。

「船岡温泉」原本是一九二三年開業的旅館「舟岡桜」的附設浴場，在當時已經是京都老鋪小老闆們津津樂道「頗豪華的浴場」，

一九三三年才轉型為錢湯營業。現今雖說浴池等設備有所裝修整理，那豪華的更衣空間（脫衣處）則依然留存著，而且還被登錄為有形文化財。讓人興奮的是，這可不只是古蹟，是而可以用四一〇日圓入湯料實際利用的錢湯。

建築大門是殘留著旅館風情的唐破風樣式，掀開寫著船岡溫泉的暖帘進入，通過自動門後映入眼簾的是漂亮圖案的拼花磁磚。

將鞋子放進「下駄箱」可以用木片上鎖的鞋箱，在「番台」付了錢，開始進入脫衣處寬衣，（笑）以裸體的態勢來體驗這藝術空間。

最能展現船岡温泉歷史和昔日美學的正是這有著葵祭、鶴亀木雕花欄間、大正時期拼花磁磚和豪華鞍馬天狗故事浮雕的格子天花板脫衣處。置身期間，時空就彷彿回到那古老而美好的過去，又彷彿是闖入懷舊電影的畫面中。

可是畢竟不是參觀古蹟，附近的奶奶們也正在日常的更衣梳洗，Milly 就只是在不打擾的情況下快快拍照，之後就決定放棄影像，以五感體驗的記憶來體驗這難得一見的沐浴設施。

相對於脫衣處的古雅華麗，浴池本身倒是具備了近代的舒適，不但有大眾浴場少見的檜木池，還有按摩池及露天和風庭園風呂。

泡了個舒服的晨浴後，熱呼呼的身體喝入冰涼的自動販售蔬果菜汁，一身舒爽暢快。

可以一大早在這樣豪華絢爛的國寶級錢湯享受，真是京都才有的特權，是完全的「京都ならでは」。

CHAPTER 11 ｜ 月光莊的八雲食堂早餐

如果不想脫光光體驗究極的京都錢湯美學，在鞍馬口通上還有一間以八十多年古老錢湯改造的咖啡屋「さらさ西陣」，同樣有豪華的拼花池磚、唐破風大門入口，咖啡屋外觀和內部都還可以清楚看見昔日華麗的錢湯殘影。

Milly曾經兩度來到這裡用餐，加上洗完了澡也不過是九點多些，而さらさ西陣要在十二點才開店，自然只能在建築前瀏覽一番後離開。

本來想或許可以和往常一樣在已經飄出烘烤麵包香氣的「トム・ソーヤー（Tom Sawyer）」麵包屋買些第一批出爐的麵包當早餐，可是在路經二樓掛著鮮豔被單、背包客大人氣的町家 guest house 月光莊時，瞥見前次沒看見的風景。

月光莊的門前玄關位置放出了「八雲食堂」的木牌，而且是九點開始營業，就是說有熱熱的早餐可以吃。

還有些擔心或許是住宿客專用的食堂，探頭詢問，原來一般外來客也可以利用。

さらさ西陣

於是在有些凌亂破舊？不是不是～（笑）是很有東南亞鄉間民族風情、自由慢活生活感的空間內，跟著月光莊的年輕住客一起吃著五百八十日圓豐盛又健康的玄米早餐。

講究的滋賀玄米、岡山自家製味噌湯和兩份配菜都是熱騰騰的端上桌，不但分量多、美味實在，也可以感受到「愛」！就是希望這早餐能讓住宿在這裡的年輕遊人吃得飽飽、蔬菜攝取多多後繼續上路。雖然知道這份早餐是開放廚房內一個很波西米亞感覺的年輕女子所料理，但吃的時候卻是怎樣都覺得這是愛心媽媽的家庭溫馨料理。

食堂（しょくどう）
食事をするための部屋である。
食堂，直接以字面來說，就是吃飯的房間。

可是Milly是從何時開始對「食堂」這兩個字執著起來的？甚至說執著都還太小看這思緒，該以「執念」來註解自己對日本食堂的渴求。每當翻閱日本旅行雜誌、編排日本旅行行程時，「食堂」兩個字就會不厭其煩的纏繞在思緒裡。

來到京都旅行不管什麼千年古寺，最先排入行程的居然是去了一次撲了個空、十個月後再次前去終於吃到午餐的鞍馬口通上「スガマチ食堂」。

（PS：遺憾的是這讓Milly回味無窮，空間和料理都大滿足的食堂，居然在二〇一三年的九月廿七日貼出公告，在年底結束營業。）

這執念般的思緒是源自《深夜食堂》這深夜播出的短篇日劇？或許有著很大的關聯，

沖繩「かりか食堂」

因此總幻想有天旅途上也會遇見這麼一家菜單上只有「豬肉味噌煮」，卻能順應客人的故事做出不同風味料理，隱密在大都會庶民巷弄內，在黑夜降臨才開張的深夜食堂。其實不單是深夜食堂，在Milly喜歡的食堂情緒關連中，還有兩部小品電影：《海鷗食堂》（かもめ食堂）和《鍋牛食堂》（かたつむり食堂）。

《海鷗食堂》說的是在北歐芬蘭港口邊，一間販售日式飯糰的海鷗食堂內，三位日本熟年女子間發生的人情故事。

《鍋牛食堂》則是改編自《かたつむり食堂》，這本小說彷如日本版的《愛蜜莉的異想世界》，說的是一個女子受到被戀人拋棄的刺激，失去了說話能力，之後回到故鄉山區開了一間讓人透過特製料理得到幸福、一天只接一組客人的蝸牛食堂。

實際上日本的確也掀起了好一陣子的「食堂」風潮，延續二〇一二年的氣勢，東京的美味關鍵字似乎依然是「食堂」「鬆餅」和「塩

沖繩「邊銀食堂」

麹。

例如澀谷新複合式大樓渋谷ヒカリエ內的「d47 食堂」，就可以吃到日本四十七都道府縣的地方料理定食。

話說回來，在這食堂風潮來臨之前，食堂這樣的用餐空間早就存在了。

食堂＝餐廳，如果不加上什麼情緒，這該是最簡單的定義。

食堂是可以吃到平價家庭料理的用餐空間，類似我們的「小吃店」。

只是餐廳和食堂一定有什麼不同，在字面定義的背後，Milly 這樣獨斷的認定。

那不同到底是什麼呢？

以往在旅途上引起憧憬進而專程前去累積回憶的食堂，除了有學院風情的「早稲田學生食堂」「東京帝大學生食堂」，其餘大多是庶民風味的地方食堂，一般來說會統稱為人情食堂、大眾食堂。

京都「スガマチ食堂」

印象最深的是四國德島鳴門碼頭邊上的「あそこ食堂」，光是推開拉門看見店頭前玻璃櫃內外放置的漁港料理，就已經食欲大增。不論是魚肉壽司或是乾煎鯛魚，模樣質樸卻有著溫暖又扎實的美味，稱那是心靈食物也不為過。

這間「あそこ食堂」深受當地居民的多年愛戴，本來沒有店名，只是說「あそこ的食堂！」あそこ是那裡的意思，あそこ食堂就是那裡的食堂。講久了，這間食堂就變成了「あそこ食堂」。

沖繩更是「食堂」的寶庫，在甘蔗田邊上、在國際通邊上、在碧海藍天的沙灘那端，一個轉身就可以跟一處有感覺的食堂相遇。

Milly去了牧志市場內的人氣「花笠食堂」，去了石垣島帶起辣油風潮的「邊銀食堂」，而其中最愛的是在沖繩縣廳附近，沿著緩緩坡道上去，那古民家外觀，有個好聽名字的糖果色食堂「あめいろ食堂」。

光是站在坡道下方往上看著那泛出淡淡紅

「あそこ食堂」

砂糖燈火的食堂，就忍不住幻想著如果是居民必會溺愛上這溫柔食堂，每當爬上緩緩坡道就已經開始愉悅期待著當晚菜色。

如此從「深夜食堂」「蝸牛食堂」「海鷗食堂」說到「あそこ食堂」「花笠食堂」「邊銀食堂」「あめいろ食堂」，這些虛構的、真實的食堂，終於浮現出一個共通點魅力，原來是所謂的「故事性」。

並不是只要是食堂都讓人渴望，而是有故事的食堂才引人期盼。

在時光中由店主和常客撰寫出的食堂故事，讓一個食堂不單單只是食堂，更是心靈的休憩地。

身為過客的旅人，不能跟著食堂一起在歲月中累積故事，唯有壓抑雀躍，在一旁故作淡然的窺看。箇中滋味，喜歡在旅行中收集故事的人一定可以體會。

「あめいろ食堂」

CHAPTER 11 | 京都一人女子的夜宵

一個京都的夜晚，Milly 這樣一人旅行中的女子，在八點過後祇園河原町正是喧鬧的時間，飄然進入關店前三十分鐘已經沒有客人的「ひさご寿し」本店，坐在可以瞥見板前手勢、面向廚房的邊角座位，點了一份以一壺清酒（菊正宗熱燗）配上菜餚、壽司和生魚片的女子晚宵套餐一九八〇日圓。

正式的餐點名稱是「宵メニュー」（晚宵夜食），沒有註明什麼男子女子，可是因為經由女子雜誌的推薦而點這套餐的多是女子，店家因應的餐具和壽司模樣也很小時尚，於是就擅自稱這是女子晚宵套餐。

淺酌著溫熱清酒，吃著美味的菜餚。一人一壺酒，依然自在。

此時此刻 Milly 竟有些醺醺然，不光是酒精作祟，更憶起多年前來到京都旅行的生澀情景，今日卻能這樣一個人悠然獨飲，難免有些做作的自我滿足情緒。

ひさご寿し是一九五〇年開業的京都名氣壽司老鋪，以往多是外帶一份好吃的箱壽司回旅館吃，在店內用餐還是第一次，果然還是水準一流，不論壽司或是生魚片都有著細緻上品的美味。

能將傳統的美味如此一絲不苟的堅持下去，不流於形式、不隨波逐流，也是京都的魅力之一。

CHAPTER 11 因為東京，因此是 PoRTAL

KYOTO AND TOKYO

在某種角度來看，Milly 的辦公室就在自己的小窩內。盡可能的每天上午會規律的以電腦寫些東西，大部分的旅遊書都是如此遊走於電子白紙上完成，這一段文字自然也是這樣從電子的文字變成紙張上的內容。

因此當知道原來可以在東京這時尚之都擁有一個期間限定的工作空間，真是雀躍到恨不得立刻就把機票延期，進去體驗一下。

其實闖入那位在澀谷服飾名店街上舊大樓內的大型ＳＯＨＯ風工作室「PoRTAL」，完全是出於誤解。

翻閱 OZ maganine 雜誌，看見了一個以舊倉庫或是舊辦公室改裝的咖啡屋空間，一眼就被那寬廣的無隔間空間、舊建築內品味擺放的風味古家具給吸引。尤其是看說明知道這裡還可以翻閱上百本最新期不同領域的情報、時尚雜誌，更是讓人探訪的心意大增，畢竟像這樣如紐約ＳＯＨＯ的精采空間，就只能在東京才能擁有。

可是一大早搭乘地下鐵到了澀谷，迷了些小路，找到澀谷宮下公園對角那棟外觀不是很搶眼的舊大樓，搭乘狹窄的升降機到達三樓，站在那冷淡緊閉的灰色鐵門前時，卻忍不住有些質疑起來。這真的是咖啡屋嗎？畢竟門面怎麼看都像是自由風的設計工作室或是攝影工作室，更遲疑的是怎麼這麼安靜？

SMBC

鼓起勇氣推開門進去，哇～真的好～～大的空間（三百七十二平方公尺），比雜誌上印象中更大的空間，簡直就是大型的古家具、家飾展示空間。

是咖啡屋？不對，不像是咖啡屋，至少當 Milly 進門後完全沒店員出來招呼，桌上也沒有任何菜單。難不成是時間還太早？可是看看時間已經九點多。

偌大空間內只有角落上有個女子在電腦後專心的找著資料。難道自己真是誤闖了私人空間？本想就乖乖的趁還沒被人發現時快快撤退，可是這空間實在是太～～吸引人，這樣高挑、寬廣，像是倉庫卻有著充沛陽光。這樣以舒適家具、置放綠意植物營造出的工作室，一直是理想中的理想空間。於是決定在沒人出來制止前，先大方的（至少態度大方的）選個喜歡的座位坐下，看看情況發展再說。

選了桌上及桌邊都放了多本當期雜誌的沙發座坐下，之後邊翻著雜誌邊用眼角搜尋著環境，真是好棒的空間，每一個角落都有著不同風味，可以包容任何創意奔騰的自由人。

每張桌子、椅子都不一樣，猛一看是有些許雜亂，可是因為空間寬廣，這些雜亂就毫無不適感，反而讓人有親切的生活感。

正當 Milly 還沉浸在「如果這是」「如果可以」的空想時，突然聽見早已留意的開放廚房那端居然有了聲音，還傳來了煎培根的香味和打果汁的聲音。

又是一陣心虛想逃，不過這樣的話不就只能留下滿滿的疑問？於是鼓起勇氣上前探看。是一個年輕男子正在為自己準備早餐，即使看見 Milly 這樣的冒失侵入者，依然一派輕鬆的打起招呼。

Milly 先是問道這是咖啡屋嗎？答案：不是的。

原來是一個提供會員分享的工作室空間。不是分租辦公室，而是只要加入會員選擇方案，就可以自由利用網路、資料、工作枱和事務器材的完備空間。

會員可以利用開放廚房料理簡單的食物，不定期也會舉行小型 party。

原來是會員制分享工作室，真是大誤解了，還以為是咖啡屋呢。不過年輕的工作人員很和善，不但拿了入會資料給 Milly 參考，也大方的讓 Milly 到處參觀。

拿了許可可以大方參觀時，才更體會到這空間的精采。工作室空間分為「沙發區」和「桌椅區」，同時也有共用的大型工作桌，每個角落都置放著大都會懷舊風味的擺設。在這樣的空間內工作動腦，想必很有能量才是。除了雜誌資訊和工作枱空間外，還附設有開放廚房、會議室、動腦室和小型展覽場地，是一個希望能提供理想工作、自我發現的分享工作室。

畢竟如果待在家中，很容易就懶散下來，也會被一些雜物分心。更何況來東京都闖天下的年輕男女，大多居住在狹小公寓一角，能將這裡當作第二個家來利用，真是太幸福了。這分享工作室的背後是一間經營「分享公寓」（Share House）的房地產公司，據說在東日本大震災後，很多都會的獨居年輕上班族開始體會到一個人面對災變的恐懼和莫名的孤寂無助感，於是促成可以共用大客廳、庭園、廚房，同時擁有自己私人房間的分享公寓住宿形式。邏輯上很像是宿舍的感覺，只是提升為「都會上班族」版。

這命名為「PoRTAL」的大型分享工作室，以「物語が生まれる仕事場」（可以誕生出故事的工作場地）為主題，企圖提供像咖啡屋那樣讓人舒適放鬆的工作場地。當然最好還是不要幻想或許可以發展出日劇中的男女都會邂逅劇、東京愛情故事（笑！其實根本有幻想），畢竟這裡最好的還是作為一個「創意共振」「自我充實」的絕佳環境。

如果可以較長時間旅行東京，或許可以利用這樣的場地，感染一下東京特有的氛圍。

一個月的短期利用需要入會費並搭配利用方案，最基本還是要花上三萬日圓以上。

BRIWAX
IDÉE
I LOVE
FND

本來以為門檻還是有些高，好在為了吸引更多人認識這空間，只要提供個人證明文件（外國人可能就是護照），便可以利用三日間、平日晚上六點後、週末假日整天的體驗方案，而且不用事先預約，可以當場申請利用，費用大約是一千二至三千日圓不等。這樣的話就沒有門檻阻擋遊客嘗試了，一定要找機會去體驗體驗，試著在那裡工作、寫寫東西。

http://www.hituji.jp/portal/

いつやるの 今でしょ！
什麼時候行動呢？
就是現在啊！

這是好一段時間在日本流動的「流行語」。

想旅行、憧憬旅行、夢想旅行，什麼時候去旅行呢？

就是現在啊！

旅行最需要的動力除了源源不斷的好奇心、一次次旅途跟自己對話後得到寵愛自己的捷徑外，最重要還是「出發！」

唯有出發才能成就擁有自己回憶的美好旅行。

第一章

前田珈琲高台寺店
京都市東山区東大路高台寺南門通下河原南西角／7:00-18:00／無休

咖啡屋「ひとこえ多奈加」
11:00-19:00／資料上沒地址，大約是在高瀬川松原橋附近

第二章

食材舖「糀屋 本店」
三重県伊勢市宮後 1-10-39／9:00-17:00／週日、假日定休

maru cafe (まるかふぇ)
島根県立古代歴史博物館 2F／10:00-17:00／每月第三個週二定休

naka café 蔵
島根県出雲市塩冶町 773／10:00-17:00／週三定休

第三章

割烹餐廳「割烹 いと賀」
松江市伊勢宮町 503-8／11:00-14:00、17:00-22:00／午餐預約制／週日定休

第四章

林源十郎商店
岡山県倉敷市阿知 2 丁目 23-10／http://www.genjuro.jp

雜貨屋「zakka ひぐらし」
広島県廿日市市宮島町 589-4 蔵宿いろは内／11:00-21:00／無休

牡蠣屋
広島県廿日市市宮島町 539／10:00-18:00／不定休

咖啡屋
「サラスヴァティ / sarasvati」
広島県廿日市市宮島町 407／9:30-22:00／無休

手工雜貨咖啡屋「木と森」
長浜市宮前町 10-5／11:00-17:30／週一至週五公休

第五章

咖啡屋「マルニ アトリエカフェ」（まる 2）
京都市下京区五条通新町西入西錺屋町 25 番地 Room102／11:00-19:00／週二休加不定休

二手書店「YUY BOOKS」
京都市下京区西錺屋町 25 番地つくるビル Room 201A／週六日及假日 12:00-18:00

「古民家スタジオ・イシワタリ」
神奈川県鎌倉市長谷 1-1-6／http://hoian.sakura.ne.jp

第六章

洋風食堂「パスタと自然派ワインこまつや」
長野県長野市長野西之門 500-8／11:30-15:00、18:00-22:00／週三和每月第二、第四個週四公休

八幡屋礒五郎大門町店
長野県長野市大門町 83／9:00-18:30／無休

食材小舖「St. Courair」門前店
長野県長野市大門町 8／10:00-18:00／不定休

藝廊咖啡館「夏至」
長野市大門町 54／11:00-18:00／週二公休

蕎麥麵店「翁」
山梨県北杜市長坂町中丸 2205／11:00-15:00／週一公休、週二不定休

第七章

咖啡屋「Tien Tien」
熊本県阿蘇市一の宮町宮地 3204／11:00-18:00／週三、四公休

咖啡屋「cafe Bois Joli」
熊本県阿蘇郡南阿蘇村河陰 409-5／11:30 至日落／週四和每月第三個週五公休

蛋糕店「Chez-tani 瀬の本高原店」
大分県玖珠郡九重町大字湯坪 628-8／9:00-18:00／不定休

第八章

食堂「漁菜館」
大分県杵築市大字守江 4775-9／11:00-22:00／每月第二個週三公休

第九章

咖啡屋「万茶ン」
青森県弘前市土手町 36-6／10:00-19:00／不定休

十和田現代美術館網址
http://towadaartcenter.com/web/towadaartcenter.html

第十一章

船岡温泉
京都市北区紫野南舟岡町 82-1／週一至五 15:00-01:00／週末假日 8:00-01:00／無休

八雲食堂
京都市北区紫野南舟岡町 73-18／上午 9:00 開始隨意開店，提供玄米定食。晚上 18:00-00:00 會認真經營（食堂的說法）。

壽司老鋪「ひさご寿し」本店
京都市中京区河原町通四条上ル塩屋町 144／9:30~21:00／無休

店家資訊 SHOP LIST

IN 18

Milly的春日旅路提案：櫻花、食堂，以及如此偏愛日本的總總理由

作者 Milly｜美術設計 **林宜賢**｜責任編輯 **賴淑玲**｜社長 **郭重興**｜發行人兼出版總監 **曾大福**｜總編輯 **賴淑玲**｜出版者 **大家出版**｜發行 **遠足文化事業股份有限公司** 231新北區新店區民權路108-2號9樓 電話(02)2218-1417 傳真(02)2218-8057｜劃撥帳號 19504465 戶名 **遠足文化事業有限公司**｜法律顧問 **華洋法律事務所 蘇文生律師**｜定價400元｜初版一刷 2014年2月｜
http://www.facebook.com/commonmasterpress

國家圖書館出版品預行編目（CIP）資料

Milly的春日旅路提案：櫻花、食堂，以及如此偏愛日本的總總理由 / Milly著. -- 初版. -- 新北市：大家出版：遠足文化發行，2014.02
面； 公分. -- (In；18)；ISBN 978-986-6179-69-3（平裝）；1.旅遊 2.日本

731.9 103000360